豫章羅先生文集

宋 羅從彥 著

元至正二十五年豫章書院刊

图书在版编目（C I P）数据

豫章罗先生文集 / (宋) 罗从彦著. -- 北京 : 海豚出版社，2018.1
ISBN 978-7-5110-4147-0

Ⅰ. ①豫… Ⅱ. ①罗… Ⅲ. ①罗从彦（1072-1135）一文集 Ⅳ. ①B244.7-53

中国版本图书馆 CIP 数据核字(2017)第 329553 号

书名：豫章罗先生文集
作者：(宋) 罗从彦著
责任编辑：李俊
责任印制：蔡丽
出　　版：海豚出版社
网　　址：http://www.dolphin-books.com.cn
地　　址：北京市百万庄大街 24 号
邮　　编：100037
电　　话：010-68325006（销售）　　010-68998879（总编室）
印　　刷：虎彩印艺股份有限公司
经　　销：新华书店及网络书店
开　　本：16 开（210 毫米×285 毫米）
印　　张：21.625
字　　数：173（千）
版　　次：2018 年 1 月第 1 版　　2018 年 1 月第 1 次印刷
标准书号：ISBN 978-7-5110-4147-0
定　　价：880 元

出版説明

人是一種會思想的動物，無論是要適應環境，克服生存的困難，抑或爲了生活得更有意義，思想皆不可或缺。在一般的中文習慣中，思想的涵義比“哲學”更寬泛，這種語用習慣的差異，也影響到學者對學術視野的選擇。一般而論，思想史的範圍也較哲學史爲廣闊，雖然很少得到清晰地界定，但它不失爲一種有效的學術視野。

在近代中國學術史上，思想史研究的興起與哲學史大約同時。一九〇二年三月，梁任公在其創辦的《新民叢報》上連續發表了《論中國學術思想變遷之大勢》系列論文，這可能是最早由國人撰著發表的思想史論文。而第一本由國人撰寫的中国古代哲學通史，則爲一九一六年謝無量的《中國哲學史》。這兩本早期著述有其學術史的意義，但其中對學科的性質與研究方法等多無明確的説明。事實上，無論是學者的闡述，還是其實際的操作，在思想史與哲學史之間都不易劃出清晰的界限，直到當代也仍然如此。拋開細節不論，就語用習慣及有關實踐而言，思想史表徵一種對歷史文化廣闊而深入的關照，其研究方法，關注的問題，都較哲學史爲多元，史料基礎也不可同日而語。尤其是在郭沫若、侯外廬等人建立起來的研究傳統中，思想史有明确的社會史取向，或因其與傳統的文史之學有親和性，以至在今天，這種思路仍然很有生命力。

文獻發掘向來是思想史研究的基本環節。爲了促進有關研究，我們選輯多種文本編爲“中國古代思想史珍本文獻叢刊”。全編選目包括經典文本，如儒、道二家的經解，重要思想家作品的早期刻本，和某些并不廣泛受到關注的作家文集的舊刻本。本編中也選錄了數種反映古代民俗信仰的文獻，如《關聖帝君聖跡圖志》、《卜筮正宗》等等。這些文本在傳統的學術視野中，多以爲不登大雅之堂，在今日視之，或者正因其反映了古代社會一般的信仰氛圍，而有重要的文本價值。此外，本編也著意收錄了數種通常被視爲藝術史史料的文本，如《寶綸堂集》、《徐文長文集》等，我們認爲對思想史關注而言，範圍與深度同樣重要。

選集本編，也有文獻學上的意圖。中國古代有悠久的文獻學傳統，大量古籍文本的傳刻與整理造就了古代中國輝煌的古籍文化。本編收錄的這些刻本不僅是古代學術發生、衍變的物質證據，也是古代古籍文化的重要部分。本編所收錄的全部作品皆爲彩版影印，最大限度地保存了文獻的細節。其中有部分殘卷，視具體情況，或者補配，或者一仍其舊。本編的選目受制於編者的認識與底本資源，或者有不妥、不備之處，希望讀者不吝指正。

目録

豫章先生文集序

昔龜山楊文靖公從程夫子于河南卒業辭歸程子歎曰吾道南矣言若是其幾也果前知乎哉龜山既南其傳則豫章羅先生一人而已豫章羅先生傳延平李先生李傳齊國朱文公聖人之道於是乎大明于天下程子之嘆其有開之先歟先生上承程楊二賢之傳下傳李朱二賢爲天下正學之宗於前後相逮

之時居中為傳統之會斯道之寄誠重
矣澄心默坐體認天理之功其精實已
乎潛思力行任重詣極知者雖鮮而宗
傳之統至先生切要精確愈久而彌章
何程子前知之明邪先生之志在遵堯
錄一書一祖三宗之謨烈名臣十賢之
公忠行釋之所發雖微之所明誠一代
之大法君天下之軌範也別錄一卷乃
二賢斥小人之論皆質諸鬼神而無疑

者議論要語如法律之嚴見先生之學不徒空言詩文皆發其自得之趣春秋指歸序推明伊川之意得聖人約修之本惜其書與首卷諸目俱亡何學者之不幸也觀附錄儒先所稱述惟悵惋耳即今所存而求之必有得其傳於文辭之表者矣然為朱子之學萬殊一貫體用一原行之以仁恕充之以廣大苟不究其師傳之統惡克底夫精實之極於

斯集也可不致力以求之乎先生五世孫天澤建書院既得請前進士曺道振纂次先生文集鋟以傳世天澤子庭堅求序其端仰惟道學之宗豈膚譾所能任以昔嘗求先生遺言而交其後人用不敢辭而敬書之以著朱傳之所自云

至正二十七年龍集丁未正月庚辰朏

福建等處儒學提舉卓説序

豫章羅先生文集目録

卷第一

卷第二

集録

遵堯録六　杜衍　韓琦　范仲淹　富弼

卷第八

集録

遵堯録七　司馬光　程顥

卷第九

集録

遵堯録别録一　司馬光論王安石　陳瓘論蔡京

台衡録闕

按遺稾先生所著有台衡録今不存

卷第十

集録

二程先生語録

龜山先生語録

卷第十一

雜著

議論要語

卷第十二

雜著

春秋指歸序

韋齋記

誨子姪文

與陳默堂書

卷第十三

詩

觀書有感　自警

附錄下

豫章羅先生文集目録畢

至正乙巳秋沙
陽豫章書院刋

豫章羅先生年譜

進士曹道振編次校正

宋神宗熙寧五年壬子

先生生按先生行實及羅華題語孟解後皆云先生享年六十四嘉定六年癸酉郡守劉允濟繳進遵堯録狀云七十九年孤憤之氣鬱〻未伸云云咸淳六年庚午馮夢得題先生文藁云余後七十歲而生又云自生髮未燥時已知欽慕今六十五年矣以是知先生生於壬子殁於乙卯也

元豐元年戊午

先生七歲

哲宗元祐元年丙寅

先生一十五歲

紹聖元年甲戌

先生二十三歲

元符元年戊寅

先生二十七歲

徽宗建中靖國元年辛巳

先生三十歲

大觀元年丁亥

政和元年辛卯

先生四十歲

二年壬辰

先生四十一歲始受學于龜山楊先生之門

按龜山年譜是年赴蕭山知縣延平羅仲素來學自公得伊洛之學歸倡東南從游之士肩摩袂屬晚得羅仲素遂語以心傳之秘於是公之正學益顯於世時公年六十

六年丙申

先生四十五歲郡人李侗始受學其門 按延平先生上先生書幸得聞先生長者之風十年于今二十有四歲矣延平先生殁於隆興元年癸未年七十一以是知是年受學

七年丁酉

先生四十六歲見楊先生于毗陵 按先生春秋指歸亭政和歲在丁酉余從龜山先生于毗陵授學經年盡裒得其書以歸惟春秋傳未之復觀也

重和元年戊戌

先生四十七歲自京師歸鄉 按羅勅題龜山中庸義藁戊戌年五月余與仲素伯恩自京師歸鄉又按先生春秋指歸亭宣和之初自輦下趨鄉郛疑宣字當作重

宣和元年己亥

先生四十八歲

六年甲辰

先生五十三歲作韋齋記按韋齋記宣和癸卯朱喬年得尤溪尉治一室名曰韋齋齋成之明年使人來求記

欽宗靖康元年丙午

先生五十五歲遵堯錄成

高宗建炎元年丁未

先生五十六歲

紹興元年辛亥

先生六十歲

二年壬子

先生六十一歲以特科授惠州博羅縣主簿按先生行實及延平志沙陽志皆云晩以特科授惠州博羅縣主簿胡文定公荅先生書亦称主簿足下惟石公轍誌先生釋菜事称惠州博羅縣尉當攷

八月上丁

以郡守周綰之命領祠諸生行釋菜禮見石公撤誌

五年乙卯

先生卒（按先生行實及沙陽志皆云先生卒于官子敦叙早殁喪不得歸者數年族人羅友為惠州判官遣人持護以歸至汀州遇草寇竊發遂寄殯于鄞之開元寺又數年其門人李愿中始為歸葬于本郡羅源黄際坑之原然先生族弟華題先生集二程語孟解卷後云享年六十有四自廣回卒于汀州武平縣龜山先生答胡康侯書亦云仲素死于道途又與前說不同未知孰是）

寧宗嘉定六年癸酉

郡守劉允濟繳進遵堯錄乞賜謚又得先生墓於荆榛之中為修葺立石以表道架亭以行祀命教授方大琮率諸生致祭給官田計米一十二石一斗六升（内以六石輸斈中為祀事之費餘以給守

實者每歲寒食教授率
諸生備牲幣祭墓下

理宗淳祐六年丙午

楊棟奏請謚

七年丁未

賜謚文質

豫章羅先生年譜終

先生著述最多兵火之餘僅存什一於千
百世所共見者邵人許源所刊遺藁五卷
而已道振不揆淺陋嘗欲搜訪爲文集其
年月可考則繫以爲年譜又之弗就邑人
吳紹宗蓋嘗有志於是近得其藁乃加敘
次釐爲一十三卷附錄三卷外集一卷年
譜一卷凡一十八卷先生五世孫天澤遂
鋟梓以壽其傳因識其梗槩于此若夫訂
其誤而補其遺不無望於君子也至正三
年歲在癸未二月甲子延平沙邑曹道振
謹識

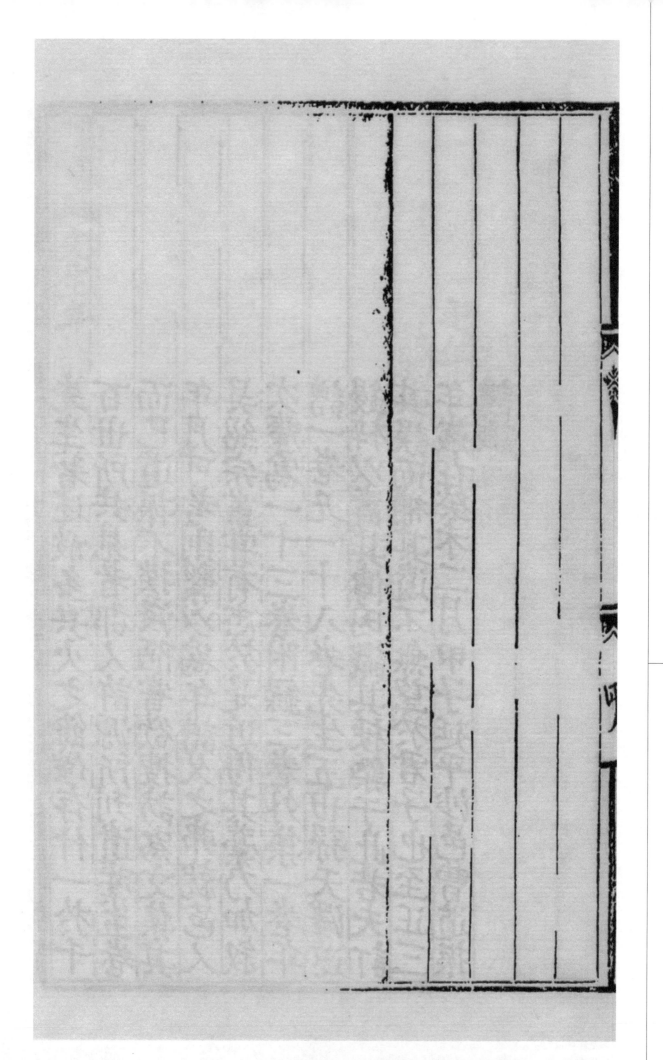

豫章羅先生文集卷第一

經解

詩解

見先生行實及延平郡守劉允濟繳進遵堯錄狀郡庠舊有墨本今不存

春秋解

見先生行實及劉允濟繳進遵堯錄狀郡庠舊有墨本今不存又按延平書院志先生遺書有春秋集說疑即此書也

春秋指歸

春秋釋例

二書見先生行實及延平書院志沙陽志今不存遺稾有春秋指歸序一篇見第十二卷

語孟師説

按先生遺稾有陳默堂跋先生語孟師説一篇又載羅華題先生集二程語孟解卷後一篇篇中備舉明道伊川横渠龜山則所集不獨二程之説也此書疑即所謂語孟師説今不存

中庸説

見先生行實今不存

豫章羅先生文集卷第一

豫章羅先生文集卷第二

集錄

遵堯錄序

堯舜三代之君不作也久矣自獲麟以來訖五代千五百餘年惟漢唐頗有足稱道漢大綱正唐萬目舉然皆雜以霸道而已有宋龍興一祖開基三宗紹述其精神之運心術之動見於紀綱法度者沛乎大醇皆足以追配前王之盛故其規模亦無所愧焉在太平興國初太宗嘗謂宰相曰朕嗣守基業邊防事大萬機至重當悉依先朝舊規無得改易仁廟見東封西祀及修玉清宮等過侈曰如此之事朕當戒之若二聖者其知所以紹述者邪故終太宗之世無復改張終仁宗之世一於恭儉至熙寧元豐中不然管心鞅法甲倡乙和功利之說雜然並陳宣和之末遂召金人犯闕之變蓋其源流

非一日也今皇帝受禪遭時之難憫生民之重困也發德音
下明詔悉剗熈豐弊法一以遵祖宗故事爲言四方企踵以
望太平矣議者猶謂金陵之焰勢未能熄天下皆其徒是抱
薪而救之者也臣懼其然也竊語諸心曰昔唐吳兢作貞觀
政要録本朝石介亦有聖政録豈苟然哉因採祖宗故事四
聖所行可以閲今傳後者以事相比類纂録之歷三季而書
成名曰聖宋遵尭録其閒事之至當而理之可久者則衍而
新之善在可久而意或未明者則釋以發之以今準古有少
不合者作辨微以著其事又自章聖以來得宰相李沆等及
先儒程顥共十人擇其言行之可考者附于其後若乃創始
開基之事廟謨雄斷仁心仁聞則於其君見之襲太平之基
業守格法行故事竭盡公忠則於其臣見之爰及熈豐之弊
卒歸于道分七卷添別録一卷合四萬餘言欲進之黼座力

未暇及而秋毫之間已爽忽矣然事固有始睽而終合者之
於前而得之於後者古人有之若周成王楚文王秦穆公是
也不必朝廷清明金人竄伏且當有以來天下之言輙紀歲
月以俟採擇靖康丙午十月日延平臣羅從彥序

遵堯録一

太祖

國初劒南交廣各僭大號荆湖江表止通貢奉西戎北狄皆
未賓伏太祖垂意諸將命李漢超屯關南馬仁瑀守瀛州
韓令坤鎮常山賀惟忠守易州何繼筠鎮棣州以拒北虜
又以郭進控西山武守琪戍晉州李謙溥守隰州李繼勲
鎮昭義以禦太原趙贊屯延州姚内斌守慶州董遵誨屯
環州王彦昇守原州馮繼業鎮靈武以備西戎其家族在
京師者撫之甚厚郡中筦榷之利悉與之恣其圖回貿易

免所過征稅許令召募驍勇以爲爪牙凡軍中許便宜從事每來朝必召對命坐賜以飲食錫賚殊異以遣之由是邊臣皆富於財得以養募死力使爲間諜洞知蕃夷情狀每夷狄入寇必預爲之備設伏掩擊多致克捷二十年間無西北之憂以至命將出師弔民伐罪平西蜀復湖湘下嶺表克江南兵力雄盛武功蓋世良由得猛士以守邊推赤心以御下之所致也

太祖以李漢超爲關南巡檢使捍北虜與兵二千而已然以齊州賦斂最多乃以爲齊州防禦使悉與一州之賦俾之養士而漢超武人所爲多不法久之關南百姓詣闕訟漢超貸民錢多不還及掠其女以爲妾帝召百姓入見便殿以酒食慰勞之徐問曰自漢超在關南契丹入寇者幾曰無也帝曰往時契丹入寇邊將不能禦河北之民歲遭劫

掠汝於此時能保其貲財婦女乎今漢超所取孰與契丹之多又問訟者曰汝家幾女所嫁何人百姓具以對帝曰然則所嫁皆村夫也若漢超者吾之貴臣也以愛汝女則取之得之必不使失所與其嫁村夫孰若處漢超家之富貴也於是百姓感訢而去帝使人語漢超曰汝須要錢何不告我而取於民乎乃賜以銀百兩曰汝自還之使其感汝也漢超感泣誓以死報

太祖以郭進爲西山巡檢有告其陰通河東劉繼元將有異志者帝大怒以其誣告忠臣命縛其人予進使自處置進得而不殺謂曰爾能爲我取繼元一城一寨不止免爾死當請賞爾一官歲餘其人誘其一城來降進具其事送之于朝請賞帝曰爾誣害我忠良此才可貰死爾賞不可得命以其人還進進復請曰使臣失信則不能用人矣於是

賞以一官
太祖以賀惟忠知易州及捍邊有功遷正使開寶二年又加本州刺史兼易定祁等州都巡檢使惟忠在易州十餘年繕治亭障撫士卒得其死力每乘塞用兵所向必克威名震於北虜
太祖以李謙溥爲隰州刺史在州十年并人不敢犯其境開寶三年移齊州團練使後邊將失律復以謙溥爲晉隰沿邊巡檢邊民喜之
太祖登寶位日有司捕得契丹二人帝曰汝等皆何人耶曰契丹遣來探事耳帝曰汝探國事不過甲兵糧草百官數目而已若朕腹中事汝可探乎特赦而遣之二人叩頭感泣而去
太祖建隆初邊郡民有出塞外盜馬至者官給其直帝曰安

邊示信其若此耶亟命止之還所盜馬自是戎人畏服不
敢犯塞
開寶八年三月契丹遣使克妙骨謹思奉書來聘對崇德殿
其從者十二人皆賜冠帶器幣太祖曰晉漢以來北戎強
盛蓋由中朝無主晉帝蒙塵否運已極今慕化而來亦由
時運非涼德所致也召見講武殿觀武士習射又燕長春殿
建隆元年太祖遣戶部郎中沈倫使吳越歸奏揚泗飢民多
死郡中軍儲尚有百餘萬斛可發以貸民至秋復收新粟
有司沮倫曰今以軍儲振飢民若荐飢無所收取孰任
其咎帝以問倫倫曰國家以廩粟濟民自合召和氣而致
豐稔豈復有水旱耶此當決於宸慮帝即命發廩貸民
臣從彥釋曰人君之所以有天下者以有其民也民之
所恃以為養者以有食也所恃以為安者以有兵也書

曰民爲邦本本固邦寧昔孟軻氏以民爲貴貴邦本也故有民而後有食有食而後有兵自子貢問政孔子所荅觀之則先後重輕可知矣太祖建隆初楊泗飢民多死者沈倫請發軍儲以貸之此最知本者也况軍儲又出於民乎夫以廩粟振民固有召和氣致豐稔之道然水旱無常萬一歲荐飢無所收取倫之言未爲不信也

嗚呼太祖可謂善聽言者也

太祖嘗擇官使江南頗難其人一日謂盧多遜曰李穆士大夫之仁善者詞學之外它無所預多遜曰穆履行端直臨事不以死生易節所謂仁而有勇者也帝曰若如爾言使江南無以易穆者遂遣之

太祖命諸將西征以地圖授王全斌等謂之曰西川可取否全斌曰臣仗天威遵廟筭尅日可定龍捷都校史延德奏

曰西川除在天上即不能得若舟車足跡可至以今之兵力到即平爾帝壯其言謂全斌曰汝等果敢如此朕復何憂卿發計日望捷書也所破郡縣止籍其器甲芻糧當爲朕傾帑藏賞戰士耳故西師所向人皆效命動有成功若席卷之易

王全斌收蜀沈倫以給事中爲隨軍水陸轉運使王全斌等入成都爭取玉帛子女倫獨廉清無欲僞蜀群臣有以珍異奇巧之物爲獻者皆拒之東歸篋中所有才圖書數卷而已帝悉知之遂貶全斌等以倫爲户部侍郎樞密副使

開寶九年召隨州留後王全斌授寧武軍節度使初全斌以伐蜀私取財物貶秩至是帝謂之曰朕以金陵未下常慮平吳諸將恣行貪暴抑卿數年爲朕立法江南既平還卿旄鉞又别出器幣錢貨數萬賜之

趙普秉政時江南後主以銀五萬兩遺普普白太祖太祖曰此不可不受但以書答謝少賂其來使可也普叩頭辭避帝曰大國之體不可自爲削弱當使之勿測既而後主遣其弟從善入貢常賜外密賚白金如遺普之數江南君臣始大震駭服帝之偉度

太祖將征江南李煜遣其臣徐鉉朝于京師鉉以名臣自負其來也欲以口舌馳說存其國日夜計謀思慮言語應對之際詳矣及其將見也大臣亦先入請言鉉博學有才辯宜有以待之帝曰第去非爾所知也明日鉉朝曰煜以小事大如子事父未有過失柰何見伐其說累數百言帝曰爾謂父子爲兩家可乎鉉無對而退

太祖征江南時錢俶遣幕僚黄夷簡入貢召謂之曰汝歸語元帥訓練甲兵江南倔強不朝我將發師討之元帥當助

我無惑人言皮之不存毛將安傅也及江南平又召兩浙使謂曰俶克毗陵有大功今當暫來與朕相見以慰延想之意即當遣還不久留也朕三執珪幣以見上帝豈食言者乎

嶺南劉鋹性絕巧嘗自結真珠鞍爲戲龍之狀以獻太祖臻於奇妙帝厚賜之謂左右曰移此心以勤民政不亦善乎鋹初在國中多置鴆以毒臣下帝幸講武池從官未集鋹先至詔賜卮酒鋹心疑之捧杯泣曰臣承祖父基業違拒朝廷煩王師致討罪在不赦陛下既待臣以不死願爲大梁布衣觀太平之盛未敢飲此酒也帝笑曰朕推赤心置人腹中安有此事即取酒自飲別酌以賜鋹鋹慚謝

左飛龍使李承進實事後唐莊宗太祖召承進問曰莊宗以英武定中原而享國不久何也承進曰莊宗好田獵將士

驕縱惟務姑息每乘輿出次近郊禁兵衛士必控馬首曰兒郎輩寒冷望與救接莊宗即如所欲給之若是者非一因而召亂蓋威令不行而賞賚無節之致帝撫髀歎曰二十年夾河戰爭取得天下不能以軍法約束此輩縱其無厭之性以茲臨御誠爲兒戲朕撫養士卒固不吝爵賞茍犯吾法惟有劍耳

太祖收蜀得將士之精者置川班殿直廩賜優給與御龍直等開寶四年祀南郊禮畢行賞帝以御龍直扈從郊祀特命增給錢人五千而川班殿直不得如例乃擊登聞鼓院上訴陳乞帝怒遣中使謂之曰朕之所與即爲恩澤又焉有例命斬其妄訴者四十餘人遂廢其班

太祖初定天下掃五代之失日不暇給矣然猶命汪徹定宗廟竇儀典禮儀聶崇義正禮器和峴修雅樂覽訪儒術時

咨治道建隆元年太祖幸國子監因詔修飾祠宇及塑繪
先聖先賢先儒之像帝親撰文宣王兖國公二贊二年以
右諫議大夫崔頌判監事始聚生徒講學遣中使以酒果
賜之謂侍臣曰今之武臣欲盡令讀書貴知爲治之道
國初取士宗伯之司職而未設但擇名臣有聞望于禁掖臺
省者權典之太祖嘗謂近臣曰聞及第舉人呼有司爲恩
門自稱門生見知舉官輒拜之此甚薄俗非推公取士之
道又搢紳間多以所知進士致書主司謂之公薦朕慮誤
取虚譽當悉禁之翰林承旨陶穀以子邴及第詣閤門謝
帝謂左右曰聞穀不能訓子安有登進士第者亟命中書
覆試自今貢舉人有父兄食禄者奏名之時别析之
乾德元年詔舊置制舉三科其一曰賢良方正能直言極諫
其二曰經學優深可爲師法其三曰詳閑吏理達於教化

並許州府解送吏部試論三道若二千字已上取文理優
長者登焉

建隆四年將行南郊之禮太祖謂范質曰中原多故百有餘
年禮樂不絕如綫今天下無事時和年豐務在報神資乎
備禮卿等宜講求遺逸遵行典故無或廢墜副朕寅恭之意

開寶九年太祖幸西京有事南郊先時霖雨弥旬不止至是
雲物晴霽觀者如堵垂白之民相謂曰我輩少屬離亂不
圖今日復覩太平天子儀衛至相對感泣駕還御五鳳樓
大赦有司請正一統太平之號帝曰今河東未平幽薊未
復而以一統爲號無乃不可乎雖僭位漸已克定若云太
平朕所慚也

國初天下貢賦盡入寶藏庫乾德中所積充羨太祖顧左右
曰軍興飢饉須預爲之備若臨事厚斂非長計也當於講

武殿後別爲內庫以貯金帛

開寶二年秋有司言太倉儲廩止於明年二月請分屯諸軍仍率民船以資江淮糧運太祖大怒切責計司曰國無九年儲曰不足汝不素爲計度而使倉儲垂盡乃使分屯兵師括率民船以饋運是可卒致乎且設爾等何用苟有所闕必爾乎取之三司使楚昭輔皇懼計不知所出乃詣晉邸見太宗乞於上前解釋稍寬其罪使得盡力營辦帝許之

太祖在周朝知李昉名及即位任以爲相因語昉曰卿在先朝未嘗傾[redacted]一人可謂善人君子者也

王著罷職翰林太祖謂宰相曰學士深嚴之地當選謹重之士處之范質曰竇儀清介謹厚然在前朝由翰林學士遷端明今又官爲尚書難於復召帝曰禁中非此人不可卿

當諭以朕意勉赴所職儀於是再入翰林

錢昱自白州刺史求文資得秘書監連典數郡無治聲太祖謂宰相曰此貴家子不可任丞郎改郢州團練使

大理評事陳舜封因奏事語頗捷給類倡優帝問誰之子舜封自言其父承業爲教坊都知帝曰此雜類安得任清望官蓋執政不爲國家區別流品所致改授殿直

教坊使有衛得仁者以老求外任官且援同光故事求領郡太祖曰用伶人爲刺史此莊宗失政也豈可效之耶中書擬上州司馬帝曰上州之佐乃士人所處資望甚優亦不可輕授止可於樂部轉遷耳乃授太樂署令

太宗在晉邸時嘗以錢五百千遺中丞劉溫叟溫叟不敢辭貯於別室明年重午又以角黍遺之使人至見前所送錢扃鐍如故還白其事太宗曰我錢尚不用況他人乎溫叟

之苟有一毫侵民朕必不赦

乾德四年太祖宴宰相樞密使開封尹兩制等於紫雲樓下論及民間事謂趙普曰下民之愚雖不分菽麥如藩侯不爲撫養務行苛虐朕斷不容之普對曰陛下愛民如此堯舜之用心也臣等不勝大幸

開寶初宴藩臣於後苑酒酣太祖曰卿等國家舊臣能悉心藩鎮以惠民爲意乎獨王彥超進曰臣素無功能出於遭遇年已衰朽願歸丘園臣之志也（屬一本倔兵柄）武行德向拱郭義袁彥等爭論疇昔功勳帝曰前朝異世事安足論也翌日皆罷鎮授以環衛

太祖修大內既成寢殿中令洞闢諸門使皆端直開豁無有壅蔽者因謂左右曰此如我心小有邪曲人皆見之耳

臣從彥釋曰人君者天下之表若自心正則天下正矣

自心邪曲何以正天下太祖於寢殿中令洞開諸門使皆端直開豁無有壅蔽以見本心可謂知君道矣夫闢四門明四目達四聰堯舜之道也若太祖可謂近之者也

太祖嘗盛暑者中露臥抵夜左右請避之曰星月之下不可露卧也帝曰常人之情覩星月爛然則生悚畏至於闇室得欺之乎

太祖一日朝罷御便殿坐俛首不言者久之內侍王繼恩進曰陛下退朝略無笑語與常日不同臣不知其故也帝曰爾謂帝王可容易行事耶旦來前殿我乘快指揮一事偶有誤失史必書之我所以不樂也

太祖初好弋獵嘗狩於近郊逐走兔馬蹶而墜因以佩刀刺殺所乘馬既而悔之曰吾爲天下主而輕事畋游非馬之罪也自此不復獵矣

人所以懲惡夫爵賞刑罰乃天下之爵賞刑罰也非陛下之爵賞刑罰也陛下宜得自尊之耶帝不能容乃拂衣起普亦隨之帝入宮門普立於宮門不退帝乃悟卒可其奏

臣從彥辨微曰賞罰者人主之大柄也賞所以勸功罰所以懲罪天下共之太祖時臣寮中有功當進官此天下之大公也帝不喜其人欲勿進此蔽於私者也普乃請之至犯帝怒普之言賞罰蓋合天下之大公無可貶者然古之善諫者不然優游不迫因其所明而道之則其聽之也易於反掌故訐直強勁者率多取忤而溫厚明辨者其說多行若普者不遇剛明之君能勿觸鱗乎嗚呼太祖真大度有容者也雖不免於私然亦不能壓其光明也

太祖一日後苑挾弓彈雀臣寮中有一人稱有急事請見帝

亟出見之及覽奏乃常事耳帝怒曰此何為急事其人曰亦急於彈雀耳帝以斧鉞柄撞其口兩齒墜焉其人徐跪地取齒置於懷中帝曰汝持此齒訟我耶曰臣不敢訟陛下自有史官書之帝怒解於是賜以金帛慰勞而遣之

臣從彥辨微曰古者忠臣之事君也造次不忘納君於善有萌禍之戒者則隨事箴規遵養生之戒者則即時戒正不敢嘿嘿也太祖於後苑挾弓彈雀當時臣寮中有以急事請見者豈近是耶及犯帝怒因以齒之墜也而警以史官使人君動作不敢非禮莫大之益也

太祖嘗患趙普專政欲聞其過一日召翰林學士竇儀語及普所為不法且譽儀蚤負才望之意儀盛言普開國勳臣公忠亮直社稷之鎮帝不悅儀歸家召其諸弟張酒食語曰我必不作宰相然亦不詣珠崖吾門可保矣既而召學

士盧多遜多遜嘗有憾於普又忌其進用因攻普罷之出
鎮河陽普之罷甚危賴以勳舊脫禍多遜遂參知政事作
相太平興國七年普復入相多遜有崖州之行
臣從彥辨徽曰趙普才器過人其謀斷足以立事成功
若其專政則信必有之以太祖之大度有容而惡其專
至召儀等問之則普之所為可知也已古者進退人臣
自有道而宰相者乃輔天子以進賢退不肖者也不可
不謹也普身為宰相使帝不得直道而行徒以勳舊脫
禍而多遜代之詩曰公孫碩膚赤舄几几普則愧之矣
太祖嘗幸華州至龍興觀賜道士蘇澄隱衣一襲銀五百兩
絹五百匹澄隱戒行精至性穎悟博涉經史兼通釋典帝
問曰師年踰八十而容貌甚少是能養生也宜以其術教
朕對曰臣之養生不過精思練氣耳若帝王養生則異於

是老子曰我無爲而民自化我無欲而民自樸無爲無欲凝神太和昔黄帝享國永年者得此道也帝大悦故有是賜臣從彦辨微曰賜予雖出於人君之仁要受其賜必有以稱之可也澄隱養善養生吐談可喜不肯以其術市恩以誤至尊其論帝王養生則以無爲無欲凝神太和言之此羽衣中之最賢者也帝命賜衣一襲足矣至若金帛之賚似未有以勵之澄隱不知固辭何耶蓋方外之士與儒者不同辭受取舍非所以責澄隱也

豫章羅先生文集卷第二

豫章羅先生文集卷第三

集録

遵堯録二

太宗

太宗初命趙普爲相諭之曰朕以卿先帝舊臣功參佐命卿宜悉心以副朕意但能謹賞罰舉賢能弭愛憎何慮軍國不治朕若有過卿勿面從古人耻其君不及堯舜其勉之哉他日謂近臣曰趙普事先帝與朕最爲故舊能斷大事傾竭自效盡忠國家真社稷臣也

雍熙三年太宗謂宰相曰中書樞密院朝廷政令所出治亂根本繫之于兹卿等當各竭公忠以副任用大凡常人之理未免姻故之情苟才不足稱遺之財幣可也公家之事不可曲徇朕亦有親舊若才用無取未嘗假以名器也

淳化五年夏四月太宗謂呂蒙正等曰朕以宰相之任所職甚重欲修唐朝書攷故事以責卿等輔佐之效又念攷案之設亦空言耳莫若撫夷夏和陰陽使百度大理一人端拱無事此宰相之職也豈有居其位而不知其任乎

至道元年夏四月擢呂端同中書門下平章事帝召端謂曰廟堂之上固無虛授但能進賢退不肖便爲稱職卿宜勉之卿歷官[redacted]進擢常以謂任用之晚每奏對同列多出異議因出詔諭之曰自今中書事必經呂端詳酌乃得奏聞

臣從彥釋曰太宗之命呂端也說者謂宰相之任在乎登進賢才黜遠庸佞而總其綱目萬事自理故曰天子擇宰相宰相擇百官非才之人不可虛授其言是已若太宗者其知所以命相者歟端賢相也帝以其任用之

晩且患同列之多異議也因出詔諭之曰自今中書事必經呂端詳酌乃得奏聞非信任之篤遇之專一者其孰能之

端拱中考工員外郎畢士安爲冀王府記室叅軍有詔臣寮各獻所爲文太宗閲視累日問近臣曰其文可見矣其行孰優有以士安對帝曰卿言正合朕意命以本官知制誥

太宗尤重内外制之任每命一舍人必咨問宰輔求才實兼美者先召與語觀其器識然後授之後因覽唐故事見其多自卑位作學士者會蘇易簡薦吳人凌儀尉周亭俊拔可任帝俾易簡索其文章得白花鷹賦閲之語易簡曰可且令叙遷京秩更徐觀之改光祿寺丞卒

太子中舍王濟方正好言事太宗謂宰相曰法官尤宜謹擇苟非其人或有寃濫感傷和氣必致天灾宰相曰惟守法

不回者可待聖意帝曰王濟數言事必有特操可試之遂
令權判寺事
太宗選秘書丞楊延慶等十餘人分爲諸州知州因謂宰相
曰刺史之任最爲親民非其人則下有受其弊者昔後漢
秦彭爲潁川郡守教化盛行百姓懷恵乃有鳳凰麒麟嘉
禾甘露之瑞以一郡守尚能有感若帝王崇尚德教豈太
平之不可致而和氣之不可召也
淳化五年夏五月太宗謂宰相曰諸州長吏所委尤重審官
院進所選京朝官充知州者三十餘人御前印紙曆子朕
親書於其前曰勤公潔己奉法除姦恵愛臨民方可書爲
勞績本官月俸並給實錢令知審官院錢若水分賜之因
謂若水曰所賜戒諭有奉法除姦之語恐不曉者從而生
事以求功勞可諭之云除姦之要在乎奉法耳

太宗初嘗詔轉運使攷按諸州凡諸職任第其優劣未幾復
遣使分行州縣廉察官吏是歲五月河南府法曹參軍高
伾伊闕縣主簿程嶙鄭州滎澤縣令申廷温皆以罷軟不
勝任惰慢不親事免官

至道中分遣朝臣爲諸道轉運司承受公事以察州縣刑政
官吏治迹更次入奏三年供奉官劉文質入奏察舉兩浙
部内官高輔之李易直文仲儒梅旬高鼎廖貽慶姜嶼戚
綸等八人有治績並降璽書褒諭

太宗嘗謂宰相曰歷代王者多以求賢爲難何代無材但繫
用與不用耳豈必畋游夢卜乃稱賢哉

太宗嘗謂近臣曰國家選才最爲切務人君深居九重豈能
徧識之哉必須採訪咨稱善者多即是採覆無玷但擇得
一好人爲益無限古人云得十良馬不如得一伯樂得十

利劒不如得一歐冶兹言有理朕孜孜詢訪只要求人庶
得良才以充任使趙普曰帝王進用良善實太平之基然
君子小人各有黨類不可不察也帝然之

太宗嘗謂近臣曰國家取士必歷級而升下位之人韜晦才
行誠亦有之當勿以此爲限成朕急賢之意又曰人之行
實不以位之高下雖卑秩下位不可謂無良士然君子含
章守道難進易退不求聞達朕嘗患其不能知也呂蒙正
曰迭試可任則能否洞分帝曰若善惡則不可得而知矣
曰亦迭試可也苟暫聞其善惡有涉愛憎恐悞任使故須
久而察之則賞罰不濫矣帝然之

太平興國中太宗謂宰相曰邇來貢舉混雜乃有道釋之流
還俗赴舉此等不能專一其業他日居官必非廉士進士
須先通經術遵周孔之教亦有迭相倣傚止習浮淺文章

殊非務本之道也當下詔切責之
端拱二年太宗親試進士得陳堯叟等並賜及第仍作箴賜
之勉以修身謹行稽古效官之意三年親試得孫何等面
戒之曰汝等苦學登科朕方以文治天下王事之外屬精
文翰無墜前功命以儒行篇賜之俾爲座右之戒
太宗嘗謂近臣曰朕雖寡薄乘戰爭之後救孜孜求理未嘗不
欲加惠于民若杜兼并抑游惰前世難行之道朕當力行
之十數年間家給人足庶可致矣政無巨細欲速成者必
無其效苟以道德化民成俗未可以歲月冀也
太宗嘗謂宰相曰井田之制實經國之要道後世爲天下者
不爲井田則貧富不均王化何由而行自秦滅廬井置阡
陌經界廢而兼并作漢魏以降民受其弊久矣朕君臨大
寶軫念黎庶雖井田之制不可卒復因時創法漸均貧富

則朕別有規制終當行之以安四海
太宗嘗覽鄭州何昌齡均田疏語近臣曰主着之人欲一一均平選通達物理之官周知人間利害者精於制置使稍近古自然衣食豐足盜賊自消兵賦可從而省也彼管搉之利何所用哉俟五七年間當力行之此朕之志也寇準曰均田之法隋文尚能興復況聖代乎
端拱中太宗謂宰相曰燕射之禮廢之已久朕欲恢復古道當今有司講求儀法俟弭兵與卿等行之
至道元年太宗謂侍臣曰朕嘗求古之制度思欲振復而亡者十有七八古者衣裳冠冕皆有法象所以撿束人之容貌動遵典禮漢魏以來隨時所尚參經變易近代服色去古逾遠舊制罕存誠可惜也寇準曰古者行步則有環珮之聲升車則有鑾和之音所以節人心而昭禮制也若今

所服之鞾乃趙武靈胡服公私通用之與古之履舃殊矣
太宗初即位謂宰相曰朕嗣守基業邊防事大萬機至重當
悉依先朝舊規無得改易
太宗嘗謂近臣曰朕生於亂世犬戎猾夏之日已七八歲當
時道路泥濘人民艱苦謂更無好時世孰謂今來萬事粗
理常自愧惕近者邊盜平寇孽於朕何功蓋上天開悟朕心
使之克勝侍臣曰古者天子有道推德於天今之聖諭正
合古道
太宗嘗語近臣曰國之上瑞惟在豐年頃來五穀屢登人無
疾疫朕求治雖切然而德化未孚天貺若此能無懼乎
雍熙元年夏五月太宗幸城南因謂近臣曰朕觀五代以來
帝王其始莫不勤儉終則忘其艱難恣于逸樂不卹士衆
自生猜貳遺亡之禍皆自貽也在人上者豈得不以爲戒

淳化三年秘書監李至進新校御書太宗謂至曰嗜好不可不謹不必遠驗前古秖如近世符彥卿累任節鎮以射獵馳逐為樂由是近習窺測其意競以鷹犬為獻彥卿悅可兩人而假借之其下因恣橫侵擾故知人君當淡然無欲不使嗜好形見於外則姦邪無自入焉朕年長無他欲但喜讀書用監古今成敗因至拜舞稱賀

臣從彥釋曰太宗語李至曰人君當淡然無欲不使嗜好形見於外則姦邪無自入焉可謂善矣夫嗜好者人情之所不能免也方其淡然不使之形見於外則其違道不遠也於是時也苟有皋夔稷契之徒以道詔之當視六經猶筌蹄上與堯舜相得於忘言之地矣至雖時之賢者聞帝喜讀書用監古今成敗之語拜舞稱賀謂為將順可也然於稷契皋夔之徒則非其倫也

太宗嘗語宰相曰朕比觀書見楚文王得茹黃之狗菀路之
矰畋於雲夢三月不返保申諫之王引席伏地申束箭五
十跪加王背者再因趍出請死王召而謝之殺狗折矰務
治國事并國三十九朕未嘗不三復其言深加歎賞自非
君臣道合何以至此若君忽而不信雖有直臣將焉用之
臣從彥釋曰保申之能諫楚文王之能從其事見於劉
向說苑然文有小異說苑言荊文王得如黃之狗箘簬
之矰畋於雲夢三月不返得舟之姬淫朞年不聽朝保
申諫曰先王卜以臣爲保吉今王得如黃之狗箘簬之
矰畋於雲夢三月不返及得舟之姬淫朞不聽朝王之
罪當笞王曰不穀免於繈褓託於諸侯願變更無笞保
申曰臣承先王之命不敢廢王不受笞是廢先王之命
臣寧得罪於王也乃席王王伏保申束箭五十跪加王

背如此者再謂王起矣趍出欲自流乃請罪王曰此不
穀之過保寶何罪於是殺徇折矰逐舟之姬務治乎荊
兼國三十九至漢興之初蕭何王陵聞之曰人君能奉
先世之業而以成功名者其惟荊文王乎故天下譽之
至今明王孝子忠臣以爲法夫保申之事有之與無臣
不敢與知也戰國之時容或有之亦必先王顧託之臣
與夫慈良之君不忘先世艱難克己從義者乃可行矣
太宗提出言之取其大意非特施於一己與孫子也且
以示天下後世使知人君納諫之美有至於此也
太宗嘗謂侍臣曰朕讀唐書見唐人以公主和蕃屈辱之甚
未嘗不傷感今士卒精強固無此事但選擇得人委以邊
任不令生事務在息民訓卒練兵觀釁而動可以無患
太宗嘗召御史中丞王化基至便殿侍坐甚久屬盛暑令搢

笏揮翦問以邊事化基曰治天下猶植木焉所患者根本
未固耳根本固則枝葉不足憂今朝廷既治則邊郡何患
乎不安
契苾部屬有求內附者太宗語侍臣曰國家若無外憂必有
內患黨無內患必有外憂脆句特邊事耳皆可預防姦邪無
狀若為內患深可懼也帝王用心當須謹此
唐置拾遺補闕掌供奉諷諫是時日奉內朝常親旒扆故凡
事得以微辭諷諫唐季權臣專政阻絕諫官不得侍從太
宗孜孜求諫渴聞忠言因改拾遺補闕為正言司諫使專
掌奏議
左司諫知制誥王禹偁嘗上言請群官候見宰相朝罷於政
事堂同時接見其樞密使候都堂請見並不得於本廳接
見賓客以防請託詔從之右正言直史館謝泌言以為如

此是疑大臣以私也古人有言曰疑則勿用用則勿疑今
天下至廣萬機至繁陛下聰明寄於輔臣苟非接見群官
何以盡知中外事若令都堂群臣請見啓事無解衣之暇
夫左右大臣使非其人當斥而去之既得其人任之以政
又何疑耶今請不得本廳接見賓客以防請託非陛下推
赤心待大臣之意太宗覽奏嘉歎之即追還前詔令宰相
樞密使接見賓客如故仍以泌所上書送史館
太宗嘗修正殿頗施采繪謝泌因對陳其事即日命代以丹
堊深加稱獎賜金紫拜左司諫泌曰陛下從諫如流故臣
得以竭誠唐末有孟昌圖者朝上諫疏暮不知所在詩人
鄭谷爲詩以憫之前代如此安得不亂帝爲動容久之
太宗嘗語宰相曰朕思君臣之間要在上下情通即事無凝
滯若稍間隔豈能盡其道宋琪曰易卦乾在上坤在下謂

之否此天氣不下降地氣不上騰之謂也坤在上乾在下謂之泰此天地交泰之象也故凡君臣之道必在情通乃能成天下之務帝曰自古帝王未有不任用賢良致宗社延永皆是自己昧於知人不能分別善惡爲姦邪蔽惑以至顛覆琪曰前古治亂皆由帝王若帝王聖明臣下得以宣力姦邪之輩自然屏迹

太宗嘗謂呂蒙正等曰凡爲君作一惡事簡策所載萬祀不滅使後人覩之以爲鑒戒故堯舜爲善而衆美歸之桀紂爲不善而衆惡萃之可不謹耶大凡有國有家者未有不欲進君子退小人然而君子少而小人多何也蒙正曰時有盛衰苟邦國隆盛則君子道長及乎將衰則小人在位俟其爲惡彰敗則政亦有損古人云小人害覇信不虛語賢人若遇暗主晦迹丘園畏小人之用事耳有國有家者

充在辯察小人不可不早帝深然之

淳化四年開封府雍丘縣尉武程上疏願減後宮嬪嬙太宗謂宰相曰武程疏遠小臣不知宮闈中事内庭給事不過三百人皆有所掌不可去者卿等顧朕之視妻子如脫屣耳所恨未能離世絶俗追蹤羨門矣必不學秦皇漢武作離宮别館取良家子女以充其中爲萬代譏議卿固合知之李昉曰臣等家人朔望朝禁中備見宮闈簡儉之事武程疏賤妄陳狂瞽宜加黜削以懲之帝曰朕曷嘗以言罪人但念其不知耳終不加罪

臣從彥辨微曰太宗時内庭給事不過三百人皆有所掌不可去也武程疏遠小臣妄陳狂瞽帝不罪之以求天下之忠言可謂善矣然語宰相曰卿等顧朕之視妻子如脫屣耳所恨未能離世絶俗追蹤羨門則是過高

者之言也夫王化之本關雎之訓是也有關雎之德必
有麟趾之應此周之所以致太平者也若蒲門等語超
然有塵外意恐後世好高者聞而說之則其失必有自
矣非人倫之美也

至道元年三月太宗召三司孔目吏李溥等對於崇政殿問
以計司錢穀之務溥等言盡知其利病然不可以口占願
條對許之俾中使押送中書限五日悉令條奏及上帝謂
宰相曰李溥等令陳所見亦頗各有所長朕嘗謂陳恕曰
若文章稽古此輩固不可望士人至於錢穀利病此輩自
幼枕藉寢處其中必能周知根本卿但假以顏色引令剖
陳豈無資益恕等剛強終不肯降意諮問宰相呂端對曰
耕當問奴織當問婢

臣從彥辨微曰曾子曰君子所貴乎道者三籩豆之事

則有司存太宗召李溥等問以計司錢穀之務使陳恕
假之顏色引令剖陳恕等終不肯降意下問未必非也
呂端以耕當問奴織當問婢言之蓋失之矣
太宗嘗曰清淨致理黃老之深旨也汲黯卧理淮陽宓子賤
彈琴治單父蓋得其旨者也朕當力行之呂端曰行黃老
之道以致升平其效甚速呂蒙正曰老子曰治大國若烹
小鮮夫魚撓之則亂比來上封事求更制度者甚衆望陛
下行清淨之化
臣從彥辨微曰道術不明久矣漢興有蓋公者治黃老
曹參師之其言曰治道貴清淨而民自定是也然其相
漢也不過遵何之法勿失而已矣非聖人之誠也聖人
之誠感無不通故所過者化所存者神其感人也不見
聲色而其應之也捷於影響此堯舜孔子之道也宓子

賤之爲單父也鳴琴不下堂而單父大治任人故也端與蒙正知有黃老而不知有聖人得之於彼而失之於此可勝惜哉

太宗嘗曰人君致理之本莫先簡易老子古之聖人也立言垂訓朕所景慕經云天地不仁以萬物爲芻狗聖人不仁以百姓爲芻狗是知覆燾之德含容光大本無情於仁愛非責望於品類也

臣從彥辨微曰易簡之理天理也而世知之者鮮矣行其所無事不亦易乎君子篤恭而天下平不亦簡乎易曰易則易知簡則易從易簡而天下之理得矣此之謂也老氏芻狗之說取其無情而已以聖人之神化言之則不見其誠以萬物化生言之則不見其感世有爲孔老之說者豈其因循前人偶未之思故耶夫鼓萬物不

與聖人同憂者天之道也聖人則不免有憂矣若使百姓與萬物等而一以芻狗視之則亦何憂之有故老氏之學大者失之則詆訾堯舜不屑世務其下流為申韓者有之矣此不可不辨也

太宗嘗謂近臣曰以智治國固不可也然緩急用之無不克矣又曰五常之於人惟智不可常用若御戎制勝臨機應變舉為權略可也固非朝廷為理之道也老氏之戒正在於此

臣從彥辨微曰孟子曰仁之實事親是也義之實從兄是也智之實知斯二者弗去是也夫立人之道曰仁與義仁體也義用也行而宜之之謂也所謂智者知此二者而已及其行之也若禹治水然行其所無事而已矣堯舜之治不出乎此自周道衰洙泗之教未作而世所

謂智者不然機變之巧雜然四出故鳥亂於上魚亂於下人亂於中此老氏之所以戒也非公天下者之言也

太宗嘗謂宰相曰朕於浮屠氏之教微語宗旨乃爲君治人却是修行之地行一好事天下獲利所謂利他者是也若梁武帝之所爲眞大惑爾書之史策爲後代笑趙普曰陛下以堯舜之道治世以浮屠之教修心聖智高遠洞悟眞理非臣下所及

臣從彦辨微曰佛氏之學端有悟入處其言近理其道宏博世儒所不能窺太宗之言是已然絶乎人倫外乎世務非堯舜孔子之道也夫治己治人其究一也堯曰咨爾舜天之曆數在爾躬允執其中四海困窮天祿永終舜亦以命禹所謂中者果何物也耶故堯舜之世垂拱無爲而天下大治若趙普者乃析而二之蓋不知言

者也

太宗時有隱者陳摶善修養賜號希夷先生帝頗與之聯和謂宰相宋琪等曰陳摶獨善其身不干勢利真方外之士且言天下治安故來朝覲此意亦可念也遣中使送至中書琪等問曰先生得元默修養之道可以授人乎曰摶遁迹山野無用於世鍊養之事皆所不知亦未嘗習鍊吐納化形之術無可傳授假如白日升天何益於治聖上龍顔秀異有天人之表洞達古今治亂之機真有道之主正是君臣合德以治天下之時勤行修鍊無以加此琪等表上其言上覽之甚喜未幾放還山

臣從彦辨微曰唐明皇時有吳筠頗似有道術者帝嘗問神仙冶鍊法對曰此野人事非人主宜留意其所開陳皆名教世務天子重之摶對宋琪等語該於治體終

不以其術市恩以誤朝廷其異端之徒歟然聖人盡道
以其身所行率天下蓋欲天下皆至於聖人佛仙之學
不然是二之也故吾子不貴也

豫章羅先生文集卷第三

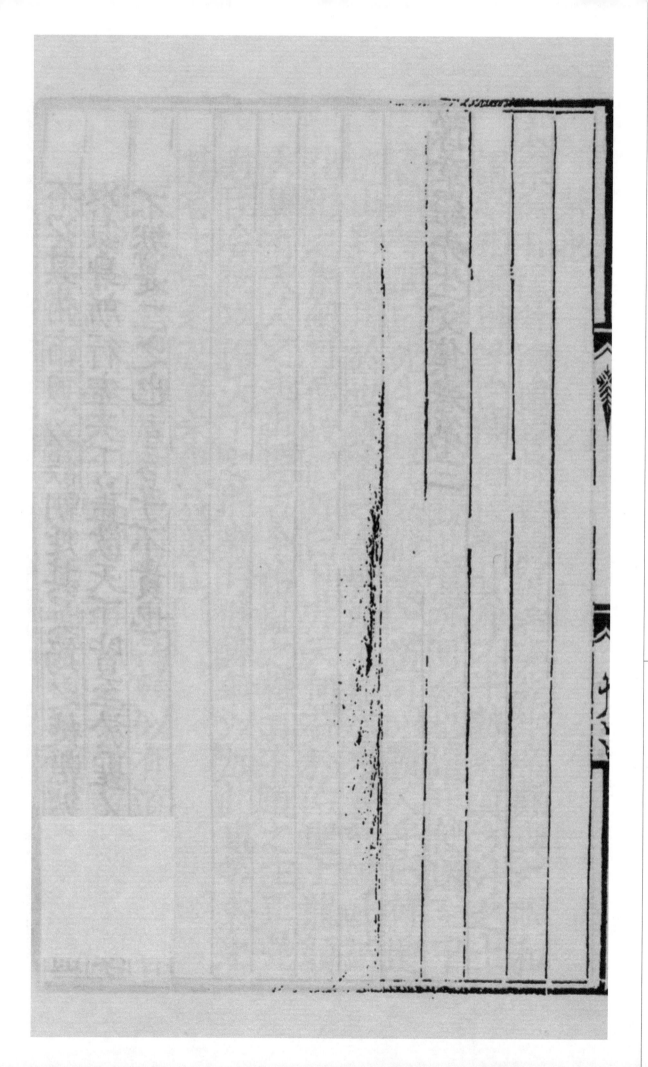

豫章羅先生文集卷第四

集録

遵堯録三

真宗

真宗咸平中帝以邊兵未息手札付宰相樞密陳禦邊之計李沆等或請以鎮定高陽三路之兵會而為一以當衝要或請三路各令防扞或以鎮定兵陳於定州之北又移高陽兵於寧邊軍别設奇兵於順安軍發丁壯備城彌縫其闕帝總覽而裁定之他日對使殿内出陣圖諭之曰今賊勢未息尤用防備屯兵雖多須擇精鋭先據要害以制之凡鎮定高陽三路兵並會定州夾河為大陣量蕃寇遠近出軍立柵賊來堅守勿追以伺便宜大陣則騎卒居中步卒環之短兵接戰勿離隊伍務在持重然後分遣魏能白

守素張銳領騎六千屯威虜軍楊延昭張延禧李懷岊領
騎五千屯保州田敏楊凝石延福領騎五千屯北平寨以
當賊鋒始至勿與鬬待其氣衰擾城誘戰使其奔命不暇
若南越保州與大軍遇則令威虜之師與延昭會使腹背
皆受其敵乘使掩殺若不攻定州縱軼南侵則復會北平
田敏合勢入北界邀其輜重令雄霸破虜以來互為應援
又命孫全照王德鈞裴自榮領兵八千屯寧邊軍李重貴
趙守倫張繼旻領兵五千屯邢州扼東西路戎寇將遁則
令定州大軍與三路騎兵會擊又命石普盧文壽王守俊
領兵二萬屯莫州俟戎騎北去則西趍順安襲擊斷其西
山之路如河冰已合賊由東路則命劉用劉漢凝田思明
領兵五千會石普孫全照犄角攻之自餘重兵悉屯天雄
命石保吉鎮之以張軍勢朕雖經畫如此以付將帥尚恐

有所未便卿等審觀可否更同商議沆曰戰陣之事古今
所難且犬戎猖蹷非陛下制勝於内諸將奉稟成筭分禦
邊要賫未易驅攘今睿略裁制盡合機宜固非臣等愚慮
所及明年北戎大寇邊捍禦之兵悉用此制及駕幸澶淵
王師射殺戎將撻覽王超大軍將會於駕前而楊延昭等
諸將又各提勁兵扼其歸路戎人勢屈遂乞通和
臣從彥釋曰真宗咸平中命宰相樞密陳禦戎之計帝
總覽而裁定之他日對便殿内出陣圖諭之曰朕雖經
畫如此以付諸將尚恐有所未便卿等審觀可否更同
商議而李沆等以為盡合機宜此於制勝一時之策可
謂善矣然非常行之道也自古朝廷之事可付之相邊
事付之將苟自中制之立為陣圖以授之内外不相及
必有失機會者矣古人云閫外之事將軍主之此最為

知言也

景德初詔益楊延昭兵萬人屯靜戎軍東又令石普屯馬村西以護屯田泥黑盧口萬年橋虜騎奔衝之路如北戎入寇則會諸路兵犄角追襲仍令魏能張凝田敏以奇兵牽制之時王超為都總管詔聽楊延昭等皆隸屬之防遏北戎之勢在此數處而已

真宗自北道用兵有邊奏至凡軍旅之事多先送中書謂畢士安寇準曰此皆欲卿等先知中書總文武大政樞密雖專軍機然大事須本中書須來李沆往往別具機宜上奏卿等當詳閱之但干討論者悉言利害勿以事干樞密而有隱也

契丹請和真宗以河北諸州易置牧守召近臣對資政殿御筆書李允則等十二人示之曰朕酌今廉官能否以邊城

遠近要害分命治之庶保寧靜卿等當更詳議畢士安曰
陛下所擇皆才適於用望付外施行從之
雄州團練使何承矩移齊州以西上閤門使河北安撫副使
李允則知雄州兼河北安撫使承矩以老病求解邊任帝
令自擇其代表薦允則遂命之
真宗嘗謂馬知節曰知卿久在邊防卿言禦戎之術何者為
善知節曰邊防之地橫亘雖長據其要害以扼其來路惟
順安軍至西山不過二百里若列陣於此多設應兵使其
久莫能進待其疲弊時以奇兵輕騎逼而擾之彼將顛覆
不暇今之將帥喜用騎兵以多為勝臣謂善用騎兵者不
以多為貴但能設伏覘戎寇之多少度地形之險易寇少
則邀而擊之衆則聚而攻之常依城邑為旋師之所無不
捷矣

真宗即位首下詔書求治謂近臣曰朕樂聞朝政闕失以警
朕心然臣寮章奏多以增添事務苛細為利亦有自陳勞
績者多是過行鞭扑以取幹辦殊不知國家從簡易之理
也國家政事自有大體使其不嚴而理不肅而成豈可慘
刻虐下邀為己功使之臨民徒傷和氣
咸平元年正月彗星出營室北二月帝謂宰相曰朕即位以
來罔敢怠逸庶陟治道至於和平今彗出甚異其祥安在
呂端等言變在齊魯之分帝曰朕以天下為憂豈直一方
耶乃下詔令有位極言無隱自今避正殿減常膳
是年張齊賢李沆入相帝諭之曰忠孝之誠始終如一當同
心協力以濟王事齊賢曰古者君臣一體君為元首臣為
股肱豈有不同心德能濟國家政事者哉帝曰國家之事
務在公共審謹而後行之則無失矣況先帝所行之事各

著規程但與卿等遵守而已
真宗嘗謂侍臣曰朕觀士大夫中或有名而無實者何言行之相違也呂端曰君子之道闇然而章歷試經久方見為臣之節帝然之
臣從彥釋曰君子之所為皆理之所必然世之所常行者然不可以求近功圖近利非如世間小有才者一旦得君暴露其器能以釣一時之譽彼其設施當亦有可觀者要之非能致遠者也呂端之言其幾於道者歟
真宗嘗謂宰相曰朕於庶官中求其才幹者尚多有之若以德行則罕見其人夫德行之門必有忠孝未有德不足而忠孝能全者也
真宗嘗謂宰相曰臣寮中有被謗言達朕聽者諮之於衆似得其實然為臣為子鮮有無過之人但能改過知非即為

善也况朝廷不以一眚廢人終身之用乎
真宗嘗閲兩省班簿謂王旦等曰近侍之列各有所長然求
文武適用可委方面者亦鮮每念唐賢比肩而出何當時
得人之多也旦曰方今下位豈無才俊或恐拔擢未至然
觀前古進賢樂善者甚衆故人不求備亦不以小疵累大
德是以人得足用今立朝之士誰則無過陛下無不保疵
然流言稍多終亦梗於任使鑒其愛憎惟諒聖明則庶無
棄人矣
景德元年内出京朝官二十四人付閤門召對崇政殿在外
者乘傳代歸
真宗采於朝論皆以廉幹稱者及對或試其詞業或觀其言
論多寘於臺閣館殿迁秩任之
真宗擇官判大理寺謂宰相曰法官尤宜謹選若官不稱職

或有寃濫水旱災沴自此而興因問幾品以上可當是任

李沆曰執法之任不必限官高卑但有執守不回邪者可

當此任帝然之

侍制張知白求判國子監真宗顧謂王旦曰國庠無事知白

豈倦於處劇耶旦曰知白知書雖乏之利舟而涉道近雅諳

練民政未嘗以身謀形言似介而清者帝曰執憲之官久

未得人知白守道若此可充是選力命以諫議大夫權御

史中丞

真宗嘗以揚徽之夏侯嶠充翰林侍讀學士邢昺吕文仲充

翰林侍講侍講更直侍讀長上設直廬於秘閣日給上食

珍膳夜則迭宿命中使劉崇超曰具當宿官名於内東門

進入自是多口對諮訪或至中夜

景德元年邢州地震真宗問宰相知州爲誰或以上官正對

帝曰郡國灾沴民不寧居尤在牧守以道鎮靜則封疆無事正累典藩郡以知兵自許但未知其能以鎮靜欽恤為意否天下之廣未免焦勞正為此爾

諸王府侍講孫奭言牧民之官不可用有勢援者帝曰朝廷用人惟問才與不才耳豈得限以世家如其敗官自有常典雖勢援何害

帝與宰相議擇官王旦曰天下重地為朝廷屏翰者不過一二十州若皆得人則振撫一方威惠兼著帝深然之

真宗嘗語李至等曰凡所舉官多聞謬濫不若先擇舉主以類求人今外官要切惟轉輸之任卿等可先擇人俾令舉之因言外郡長吏奏舉管內職官慮有受其請託者宜依條約又州縣闕員甚多當選有清望朝官各舉所知庶得良吏用親吾民

祥符二年又謂近臣曰臣寮赴外任有升殿者朕皆諭以所
行之事期於振舉若不升殿者今當各以其事為誡勵詞
摹印賜之仍御製七條以賜文臣一曰清心二曰奉公三
曰修德四曰責實五曰明察六曰勸諭七曰革弊俾刻石
圖壁奉以為法
咸平三年詔天下凡所解舉人不得獨考藝能先須察訪行
實即許薦送
八年新及第進士授官入謝帝顧宰相曰其中才不才未可
盡知王旦曰十得二三亦為多矣然遭逢盛時享此科級
或才行兼備便為亨塗帝曰大都立身當官以持重為本
戒於輕率也
帝性好文雖以文辭取士然必視其器識每御崇政殿賜進
士及第必召其高第三四人並列於庭更察其形神磊落

者始賜第一或取其文辭有理趣

終南山隱士种放居東明峰專以講習為業太宗時嘗一召之以母老不至咸平元年母卒貧不能葬帝賜錢帛等物令葬其母詔曰將使天下聞之知其孝逸民稚孝子相勸而歸於善也五年帝召放賜對便殿命坐與語久之喜謂宰相曰放召對與語不山野訪以民事則曰徐而化之問邊事久不對但言愛民而已夫賞一逸人可以勸天下之靜退者乃授左司諫直昭文館

真宗初即位詔訪文宣王後得四十五代孫延世命為曲阜令召戒之曰汝宜精心典領祖廟無使隳墮仍賜祭器經書金帛以遣之

祥符元年真宗幸曲阜謁文宣王廟有司定儀止肅揖帝特展拜以表嚴師崇儒之意又幸孔林以古木擁道降輿乘

馬諸墳拜奠帝曰唐明王褒先聖為王朕欲追謚為帝可乎當令有司檢討故事以聞或云文宣周之陪臣周止稱王不當加以帝號遂止增美名又議加封十哲爵以公七十二賢以侯王旦曰顏子舊封兗公今並列公爵則亞聖之名無以別異望封顏子兗國公餘為郡公帝然之

臣從彥釋曰唐時詔郡邑通得祀社稷孔子獨孔子用王者事以門人為配自天子以下北面拜跪薦祭不敢少忽者非以其為萬代之法故耶行之未幾而淺於學者智不及此乃請東揖以殺太重歷朝循而不改逮及我宋章聖皇帝之幸曲阜也奮獨見之明特展拜以表嚴師崇儒之意德之盛者也若章聖皇帝可謂知所本矣古者帝王稱號因時而已非德有優劣也唐明皇既追封先聖為王襲其舊號可也加之以帝號而褒崇之

亦可也顧時君所欲如何耳夫禮惟其稱而已矣而或
者不諭乃以周之陪臣為言豈知禮也哉

真宗初即位詔内外文武群臣自今人君有過時政或虧軍
事臧否民間利病並許直言極諫抗疏以聞苟言之弗用
則過在朕躬若求之不言則罪將誰執

田錫好諫真宗最重之嘗謂宰相李沆曰如此諫官亦甚難
得朝政少有闕失方在思慮而錫疏已至矣朕每覽其章
奏必特與語獎激之錫常慮奏疏不得速達朕令季具所
上事目及月日以聞

咸平六年真宗詔田錫對便殿錫曰臣願陛下廣稽古之道
為治民之要舊有御屏風及御覽但記分門事類不若取
四部中治亂興亡之事可以銘於座隅為帝王鑒戒者録
之以資聖覽是以皇王之道致陛下於堯舜也帝曰善卿

可纂録進來俄命兼侍御史知雜宰相言錫性本清介臨事不甚敏悟帝曰朕覽其章奏有諫臣之風當試用之

真宗自即位旣旦御前殿中書樞密院三司開封尹審刑院及請對官以次奏事至辰後還宮進食少時復御便殿視事或閱軍事講習武藝多至巳午間夜則召侍讀學士諮訪政事或至中夜還宮

咸平六年真宗幸金明池語宰相曰士民遊樂熈熈然甚慰朕心非承平豐年何以致此李沆曰陛下即位以來未嘗輒有科徭官吏稟法絶無煩擾信太平之幸帝曰朕以天下之人當務佚之至於勞民興師蓋不得已也今西夏未下尚煩捍禦然歷觀載藉自漢魏以至於唐四海無事固亦罕遇無事之際更宜詳思預備則無患矣

景德四年帝謂近臣曰使人自西北至者云邊鄙無事民人

安居曠土墾闢稼穡豐茂關西物價甚賤每念二邊動煩
經置但當擇守臣不妄生事者戢兵推信以保安靖
祥符中帝又謂宰相曰朕自北鄙和好邊郵無事然居安慮
危未嘗敢自暇逸每為文置諸左右朝夕觀之庶以自警也
咸平四年帝謂宰相曰軍國之事無巨細必與卿等議之朕
未嘗專斷卿等固亦無隱以副朕意秘書丞孫冕上言曰
在京諸司每以常行事務諸便殿取裁況邊事煩劇聖慮
焦勞務在依違互相蒙蔽縱其保位甚非稱職唐景龍中
名臣姚廷均奏言律令格式陳之象魏奉而行之事無不
理比見諸司官寮不能遵守事無巨細皆悉奏聞且為君
在乎任臣而臣在乎奉法萬機之繁不可徧覽所以設官
分職委任責成古帝王垂拱之化蓋在於此自今若軍國
大事及條式無文者聽奏取旨餘據章旨合行者各令準

法處分其別生凝滯故有稽遲望許御史奏劾帝曰晁之
此奏頗知大體當下詔切戒之至祥符四年太常博士王
嗣宗又上言陛下躬親庶政十有五年小大之事一取宸
斷自今望陛下除禮樂征伐大事之外其餘細務責成左
右或者曰嗣宗不知朝廷事務帝曰此頗識大體當降詔
奬之仍出勤政論以示群臣宰相等請出示朝堂從之
臣從彥辨微曰孔子稱舜曰無為而治者其舜也歟恭
己正南面而已矣夫舜之所以無為者以百揆得其人
九官任其職故也帝自咸平初以至祥符躬親庶政十
有五年而在京諸司每以常行事務請便殿取裁事無
大小一決宸衷故孫晁王嗣宗等得以言之昔高中宗
高宗之不敢荒寧文王自朝至於日中昃不遑暇食周
公舉以戒成王則昔之人非不貴勤也至周公作立政

則曰文王惟克厥宅心乃克立茲常事又曰文王罔攸兼於庶言庶獄庶慎惟有司之牧夫曷嘗勞形弊智於事之末流哉唐杜黄裳對憲宗曰王者之道在修己任賢而已若乃簿書獄訟百吏能否非人主所自任故王者擇人而任之責其成功見成必賞有罪必罰誰敢不盡力李唐君臣不足道也然黄裳之言猶能及此况與唐虞之治乎帝既以晁奏頒知大體又降詔以獎諭嗣宗可謂能聽言矣而宰相乃請以勤政論出示朝堂孔子所謂將順者豈其然耶

咸平五年將議親郊鹽鐵使王嗣宗奏言郊祀煩費望行謁廟之禮而推慶賜吕蒙正曰前代停郊謁廟蓋因災今無故罷禋祀典禮無據真宗曰不惟典禮無據郊壇一日之費所省幾何殊非寅恭事天之意也因詔三司非禋祀所

須並可減省

臣從彥辨微曰古者歲一郊牲用繭栗器用陶匏無甚縻費取其恭誠而已今三歲一有事焉已非古典若賞賜士卒乃太祖一時之命後因以為例議者猶欲不給新兵以漸去之而兩府以下皆賜金帛何耶王嗣宗知財用數目而已固不足與議禮蒙正名臣也謂前代停郊謁廟蓋因災沴今無故罷禋祀典禮無據且水旱無嘗不幸有故用前代故事可乎善乎真宗之能守也不計郊壇一日之費事天之禮不可闕也若士卒賞賜可革革之兩府以下金帛可削削之一主於恭誠孰曰不可神宗時河北災傷兩府乞不賜金帛而司馬光以為救災節用宜自貴近始王安石乃引常袞辭賜饌事以難之非知言者也

景德四年内侍史崇貴使嘉州還言平羌知縣氏昭度廉幹犍為知縣王囬貪濁真宗曰内臣將命乃能察善惡固亦可奬然其密侍宮禁使爾賞罰外人未為厭伏當須轉運使審察之

臣從彦辨細曰察州縣官吏善惡自有常典又時遣專使辨其能否罷軟苛刻以聞而褒黜之足以為治矣崇貴使嘉州以其職分言之通傳詔命而已其還也曰某人廉幹某人貪濁則非其分非分而言於理在所懲不然勿問可也用其言而使轉運使審察之是猶徇之也古之人拔本塞源其智慮深矣可不戒哉可不念哉

楊億在學士院真宗忽夜召見於一小閤深在禁中既見賜茶從容者久之因出文藁數篋以示億云卿識朕書蹟乎皆朕自起草未嘗命臣下代作也億皇恐不知所對頓首

再拜而出由是佯狂奔於陽翟是時億以文章擅天下然
性剛特寡合故惡之者得以事譖之帝性好文初待億眷
顧無比晚年恩禮漸衰亦由此也
臣從彥辨微曰楊億文章擅天下真宗使處翰林則是
億有文章而帝有億也孔子曰天何言哉四時行焉百
物生焉以億之才藝其處翰林之日非不久也不能納
其君以文章融於性與天道使間言得行何所歸咎耶
景德五年正月三日天書降於左承天門帝召群臣對崇政
殿西序諭其事王旦曰陛下以至誠事天地以仁孝事祖
宗恭己愛人夙夜求治是以干戈偃戢年穀屢豐臣等嘗
謂天道不遠必有昭報今者神授秘文實彰上穹佑德之
應然茲事簡冊所無又未審所諭之事啓封之際當屏左
右不欲顯示於衆也帝曰天若譴示闕政固與卿等祗畏

改悔若誥戒朕躬亦當克己自修豈宜隱之使人不知乎遂啓具書讀之帝曰朕德微薄何乃天降明命昭灼若此旦等曰昔龍圖授羲龜書錫禹非常之應惟聖王得之陛下應天立極振古稱首上帝所以申錫秘檢示治國大中之道此萬世一時也改元大中祥符

臣從彥辨微曰昔堯舜重黎絶地天通罔有降格恐人神雜揉故也使天書之降果真有之蓋已非堯舜之治矣以理考之穹然默運於無形之中而四時行焉百物生焉此天之理也天豈諄諄然有物以命之乎遠求前古未之或聞下驗庶民無所取信而王旦乃以龍圖授羲龜書錫禹比之使帝之精誠一寓於非所寓可勝惜哉

祥符元年四月天書降禁中齋閣造昭應宮袞州父老僧道

呂良等詣闕請封禪帝命宣諭之曰封禪大禮歷代罕有難遂爾等所請良等進曰國家受命五十餘年功成治定已致太平天降祥符以顯盛德固宜告成岱岳以報天地是時朝臣亦有請者及知袞州邵曄亦率官屬奉表陳請從之

臣從彥辨微曰封禪非古也其秦漢之侈心乎善乎王通之言也古者祭天有封禪者有之矣謂其理起於黄帝曰黄帝封泰山禪梁父則失之矣以唐韓愈之賢猶溺於習俗又況其下者乎本朝太平興國中百官三請封泰山而追於供頓之不暇祥符之初袞州父老詣闕陳請遂踵行之此亦當時用事者之過也夫堯舜三代之君所以稱太平頌成功者皆載在詩書詩書所無有則亦無所攷證故不以堯舜三代之君爲法者皆妄作

也

豫章羅先生文集卷第四

集録

遵堯録四

仁宗

仁宗為皇太子時賓客李迪等常侍燕東宫見帝容止端莊雖優戲在前亦不甚顧他日因奏事言之真宗曰平時居内中亦未嘗妄言笑也

帝既監國大臣會議必東鄉南面而立聽其議論謂輔臣曰但盡公道則善矣

天聖七年玉清昭應宫災帝以守衛者不謹所致詔付御史臺推劾皆欲戮之御史中丞王曉上疏曰昔魯僖二宫災孔子以為僖等親盡當毁漢遼東高廟災及高園便殿災董仲舒曰高廟不當居陵旁故天災今玉清之興不合經

義先帝信方士邪巧之說蠹耗財用無紀今天焚之乃戒其侈而不經也願思有以上應天變帝感悟遂薄守衛者罪

仁宗嘗觀國史見章聖東封西祀及修玉清昭應景靈土木之役極天下之巧過為奢侈謂輔臣曰此雖為太平盛事然亦過度當時執政大臣及修造者不得不任其責宰相呂夷簡曰府庫一空至今不充實者職此之由帝曰如此之事朕當戒之

真宗時撰皇王帝霸論又撰良臣忠臣論等仁宗嘗觀之因謂大臣曰凡為臣當為良臣忠臣無為姦臣權臣宰相等奏曰願陛下行皇王之道而不行霸道臣等待罪宰相敢不奉聖訓

臣從彥釋曰孟子曰以力假仁者霸霸必有大國以德

行仁者王王不待大又曰霸者之民驩虞如也王者之民皞皞如也善乎孟子之言昔孔子没孟子繼之惟孟子為知霸王者也夫學至於顔孟則王道其幾之矣故知聖人之學者然後可與語王道不知聖人之學不可與語也不知聖人之學驟而語之曰此霸道也此王道也必惑而不信矣聖人不作自炎漢以来有可稱者莫不雜以霸道漢宣之言是也若唐貞觀中海内康寧帝曰此魏徵勸我行仁義之效也蓋亦假之者也神宗時以司馬光之學猶誤為之説又況其下者乎然則霸王之道要須胸中灼然當時宰相未必能知也

仁宗嘗謂輔臣曰朕自臨御以来命參知政事多矣其間忠純可紀者蔡齊魯宗道薛奎而已宰相王曾張知白皆復行忠謹雖時有小失而終無大過李迪亦忠朴自守第言

多輕發耳宰相龐籍等對曰才難自古而然帝復曰朕於
諸臣記其大不記其小皆近世之名臣也
慶曆三年宰相呂夷簡有疾帝憂之使內侍勞問不絕聞其
未愈歎曰古人云髭可療疾信必有之因剪髭以賜夷簡
曰以此為藥庶幾有瘳又使疏可以大用者數人久之猶
不能朝許乘馬至殿門命內侍取杌子輿以前夷簡不敢
當帝命二府即其家議政事
至和中陳執中罷相而用文彥博富弼二人二人者久有人
望一旦復用朝士往往相賀歐陽修時為學士後數日奏
事垂拱帝問新除彥博等外議如何脩以朝士相賀為對
帝喜曰古人用人或以夢卜苟不知人當從人望於是脩
作彥博批答云永惟商周之所紀至以夢卜而求賢孰若
搢紳之公言從中外之人望蓋述上語也

明道中宰相欲除親舊二人為正言司諫帝謂祖宗法制臺諫官須自宸選今不可壞弛祖宗法度臺諫自大臣除則大臣過失無敢言者執政等恐懼稱死罪流汗浹背再拜下陛

太子中舍同正𦣻王文度摹勅真宗御書賜紫服且兼佩魚帝謂輔臣曰先帝嘗命伎術官毋得佩魚所以別士類也宜申明之其後文度又乞換正官出職帝曰伎術人若除正官則漸亂流品矣如舊制遷同正官而已

李倣為翰林學士其父若谷為樞密直學士倣請班父下帝曰父子同朝宜有以異之遂從其請

孔延魯為右正言法當遷官願不遷而為其父尚書祠部郎中致仕勉求紫章服帝曰子為父請可從也特賜勉紫章服宰相等曰延魯所陳足以厚風俗陛下曲從其請實資

孝治

仁宗嘗謂張士遜曰帝王之明在於擇人辨邪正則天下無不治矣士遜曰惟帝其難之若選用得才又使邪正分則二帝三王不易此道也

仁宗嘗謂近臣曰人臣雖以才適於用要當以德行為本苟懷不正挾偽以自蔽用心雖巧而形迹益彰朕以此觀人洞見邪正宰相等對曰孔子第其門人而顏回以德行為首陛下所言知人之要盡於此矣

仁宗嘗謂輔臣曰比來臣寮請對其欲進者多矣求退者少何也王曾曰士人貪廉繫時之用舍惟朝廷抑奔競崇靜退則庶幾有難進之風帝然之

諫官韓絳嘗因對而言曰天子之柄不可下移事當閱出睿斷帝曰朕固不憚自有處分所慮未中於理而有司奉行

則其害已加於人故每欲先盡大臣之心而行之

仁宗嘗謂輔臣曰知州通判民之表也今審官院一以名次用人可乎宰相王曾曰不次用人誠足以勸群吏然須更為選任之法乃可遵行帝然之

仁宗嘗謂輔臣曰朕觀古者求治之世牧民之吏多稱其官而百姓得安其業今求治之路非不廣也而吏多失職未稱所以為民之意豈今人才之少而世變之殊哉殆不得久於其官故也蓋智能才力之士雖有興利除害禁姦勸善之意非稍假以歲月則其吏民亦且媮而不為之用欲終厥功其路無繇今夫州縣恃以為治者守令也察其能者使得久於其官而褒賞以勸之今所謂先務者無以過此遂詔今後守令有清白不擾而政績殊異有惠於民者本路安撫轉運使副判官提點刑獄司同罪保舉再任中

書別加察訪審如所舉即與推恩

仁宗退朝嘗命侍臣講讀於邇英閣賈昌朝時為侍講講春秋傳每至諸侯淫亂事則略而不說帝問其故昌朝以實對帝曰六經載此所以為後世鑒戒何必諱也

臣從彥釋曰愚聞之師曰春秋之書百王不易之通法也自周道衰聖人慮後世聖王不作而大道遂墜也故作此一書若語顏淵為邦之問是也此書乃文質之中寬猛之宜是非之公也而後世之為春秋者特三傳耳彼昌朝略而不說者果經意耶抑左氏之僻耶

真宗嘗覽前代經史摭其可以為後世法者著正說五十篇帝於經筵命侍臣日讀一篇及侍讀丁度等講春秋讀正說終篇帝謂曰春秋所述皆前世治亂敢不鑒戒正說先帝訓言敢不遵奉度曰陛下德音若此誠天下之幸

帝每御經筵以象架度書策外嚮以便侍臣講讀

仁宗嘗賜及第進士王堯臣等聞喜宴於瓊林苑遣內侍賜以御詩又人賜中庸書一軸自後遂以為常初帝將以中庸賜進士命輔臣錄本既上使宰相張知白讀之至脩身治人之道必命反復陳之帝傾聽終篇始罷

臣從彥釋曰中庸之書孔子傳之曾子曾子傳之子思子思述所授之言以著於篇中者天下之大本庸者天下之定理故以名篇此聖學之淵源六經之奧旨者也漢唐之間讀之者非無其人然而知其味者鮮矣自仁祖發之以其書賜及第進士王堯臣等厥今遂有知之者昔者堯舜相授不越乎此而天下大治天其或者無乃有意斯文將以啓悟天下後世故耶

皇祐中宗室叔韶獻所為文召試學士院文中等賜進士及

第還石領軍衛將軍入謝命坐賜茶帝謂曰宗室好學無幾爾獨能以文章進士及第前此無有也朕欲使天下之人知宗室中亦有賢者爾勉之無忘舊學

天聖初仁宗薦享景靈宮太廟及祀圓丘大禮使王曾言皇帝袞冕執圭酌獻廟則七室每室奏樂章圓丘之樂則六變陟降者再恐難立俟請節之帝不可曰三年一饗朕不敢憚勞也

皇祐二年大饗明堂帝每過神主行禮畢即鞠躬卻行須盡縟位始改步移向贊導從升者皆約其數令侍臣徧諭獻官及進徹俎豆者悉安徐謹嚴毋忽遽失恭質明而禮畢方他時行禮加數刻之緩云

仁宗嘗謂輔臣曰今公卿之家專殖產業未聞有立廟者豈朝廷勸戒有所未至耶將風教陵遲訖不可復耶當攷諸

古制議其可施於今者行之宰相等曰陛下慶曆初郊祀赦書嘗許群臣立家廟矣有司不能推廣上恩因循顧望遂踰十載正公薦享下同閭巷衣冠昭穆雜用家人緣偷襲弊恬不為怪睿心至意形于歎息臣實愧之夫子親廟序昭穆別貴賤之等所以為孝雖有過差是過於為孝矣殖產營利或與民爭利反不以為恥逮夫立廟則曰不敢是敢於爭利而不敢於為孝也於是下兩制與禮官參議惜夫有君無臣久之終不克定

仁宗一夕既寢聞樂聲命燭與坐使內侍審之曰礬樓百姓飲酒樂聲也帝欣然曰朕為天下父母得百姓長如此足矣聽徹乃就寢

吏有過失或枉殺人者終身不忘其名他日有司論赦擬官輒曰此人曾非法殺朕赤子忍復使從殿政乎

仁宗愛民恤物出於聖性其於斷獄必求以生嘗謂輔臣曰
朕未嘗詈人以死況敢濫刑乎
至和初京師大疫帝出犀二株付太醫合藥以療民觧之則
其一通天犀也内侍李舜舉馳奏曰此犀之美者請以為
御所服帶帝曰朕以為帶曷若以療民疾乎命立碎之
仁宗愛重民力具於宮室池臺尤謹興作三司嘗欲以玉清
昭應宮故地為御苑帝曰吾奉先帝苑囿猶以為廣何用
此以資游觀之侈哉
景祐四年司天上言明年正旦日食此所謂三朝之始人君
尤忌之請移閏月以避之帝以問大臣參知政事陳琳曰
日者衆陽之長人君之象如有食恐陛下乾剛之道有所
虧而致惟修德可以免之帝曰卿言極是不如自責以荅
天變

慶曆六年帝謂輔臣曰比臣僚有言星變者且國家雖無天異亦當自脩警况因謫見者乎夫天之譴告人君使懼而修德亦猶人主知臣下之過失示以戒勑使得自新則不陷於咎惡此天心之仁也敢不祗畏奉承之

壽州長史林獻可上書論國家休咎之事帝謂輔臣曰朝廷政事得失在於任人得賢則治否則亂若堯舜之世雖有災異不為害桀紂之世雖有祥瑞不為福今小人多託虚名以為直規求進取不可不察也

知無為軍茹孝標嘗獻芝草三百五十本帝曰朕每以豐年為瑞賢臣為寶至於草木蟲魚之異豈足尚哉孝標特放罪仍戒天下自今毋得以此聞

天聖七年契丹大饑流民過界河監司以聞帝謂輔臣曰彼雖境外之民皆朕赤子也盍多方振救之乃詔契丹流民

所過人給米二升分送唐鄧襄汝四州以閑田處之

慶曆中仁宗謂輔臣曰自元昊請和西兵解嚴然犬戎之心不保其往深慮邊臣浸失為備可詔陝西河東經略司及北京夏竦密戒所部遠為斥候廣蓄儲廩訓練士卒繕葺城池如對嚴敵焉庶無倉卒之患

天聖初監修國史王曾言唐史官吳兢於正史實錄外採太宗與群臣問對之語為貞觀政要今欲采太祖太宗真宗實錄日曆時政記起居注擇簡易事迹不入正史者命史官別為一書與正史並行帝從之詔呂夷簡專其事書成今所謂三朝寶訓是也

慶曆三年樞密副使富弼言臣歷觀古帝王理天下未有不以法制為首務法制立然後萬事有經而治道可濟也宋有天下八十餘年太祖始革五代之弊創立制度太宗克

紹前烈紀綱益明真宗承兩朝太平之基謹守成憲近年紀綱頗紊隨事變更兩府執政便為成例施行於天下咸以為非而朝廷安然奉行不思劃革至使民力殫竭國用空匱吏員冗而政道缺賞罰無準夷狄外侵寇盜充斥如此百端不可悉數其所以然者蓋法制不立淪胥以至於此也臣今欲選官置局將三朝典故及尋討久來諸司所行可用文字分門類聚編成一書置在兩府俾為模範庶幾元綱稍振弊法漸除此守基圖救禍亂之根本也帝嘉其奏命歐陽脩等四人同共編脩詔衍總領之分別事類凡若於門於逐事之後各釋其意之相類者止釋一事書成今所謂太平故事是也

臣從彥釋曰仁宗承平之久紀綱不振蓋因循積習之弊耳然能為太平天子四十二年民到於今稱之以德

意存焉故也況德意既孚於民而紀綱又明則其遺後代宜如何耶此弼之所以奮然欲追祖宗思剗革也

章聖皇帝之未有上也嘗遣內侍往泰山茅仙禱祈內侍遇異人言王真人已降生為宋第四帝耳內侍問王真人者何人異人曰古之燧人氏是也時章懿皇后亦夢羽衣數百人從一仙官自空而下謂曰此託生於夫人覺而奏其事真宗甚說及帝生火光屬天佳氣滿室帝方五六歲常持槐木片以筯鑽之真宗問曰何用曰試鑽火爾真宗謂后妃曰所謂燧人氏信不虛爾

臣從彥辨微曰二氣五行交運雖剛柔雜揉美惡不齊然聖人之生必得其氣之純粹而不偏者此理之當也自古帝王下至庶人無子祈禱而得者有之矣皆出於至誠之所感感必有應此亦理之常也夫事無證不信

不信民弗從若內侍之過異人章懿皇后之夢所謂無證者也無證而言啓詐妄之道君子不取也或曰高宗夢得說載在商書古人不以為非何耶曰高宗賢君也傅說賢臣也以至誠之君思得賢臣故夢賚良弼理亦有之此亦感通之理也今其言曰皇后夢羽衣數百人從一仙官自空而下曰此託生於夫人則非理矣非知道者孰能識之

仁宗初選郭氏為皇后甚有姿色然剛妬無子又嘗與向美人爭毆帝以為不可母天下廢為庶人右司諫范仲淹諫曰后者所以長陰教而母萬國不宜以過失輕廢二且人孰無過陛下當論后失置之別館擇嬪妃老者勸道之俟其悔而復宮書奏不納明日又率其屬伏閤論列帝遣中人押送中書商量宰相以漢唐有廢后故事仲淹曰上天

姿堯舜相公奈何以前世弊法累盛德御史中丞孔道輔
又極論其不可明日留班與宰相廷辨是非仲淹等得罪
后遂廢居瑤華宮
臣從彥辨微曰古者天子立六宮三公九卿二十七大
夫八十一元士以聽天下之外治天子后立六宮三夫
人九嬪二十七世婦八十一御妻以聽天下之内治故
曰天子聽男教后聽女順天子理陽道后治陰德終身
不變者也禮有七出爲大夫以下者言之天子無廢后
之文諸侯無廢夫人之事是以關雎樂得淑女以配君
子憂在進賢不淫其色采擇之法在審其初而已所以
防色慾窒讒間杜僭亂治亂禍福之機在於此矣仁宗
時郭后以無子願避后位入道理之所不可者也故仲
淹等爭之至伏閤論列當時執政之人不知以堯舜待

其君乃引其君使蹈漢唐弊法可勝惜哉

郭后廢之明年章獻明肅皇后服未除而宰相等勸帝復娶曹后范仲淹進曰又教陛下做一不好事他日宰相語韓琦曰此事外人不知劉旣上仙官家春秋盛郭后向美人皆以失寵廢以色進者不可勝數不立后無以止之

臣從彥辨微曰男女之配終身不變者也故禮天子諸侯不再娶說者謂天子諸侯内職具備后夫人亡可以攝治故無再娶之禮唐啖氏亦曰古者諸侯一娶九女元妃卒則次妃攝行内事無再娶之文故春秋之法仲子不得爲夫人由是言之則天子可知矣明道中郭后入道宰相等勸帝復娶曹后其累盛德蓋不特章獻服未除也後之爲人君者可不戒哉可不戒哉

景祐中太平日久仕進之人皆依託權要以希進用奔競成

風又臺官言事瑣碎不根治體多挾仇怨以害良士一日
帝謂宰相曰古者卿大夫相與避於朝士庶人相與避於
道下至漢文之時恥言人過今士人交詆浸成黨與乃下
詔戒勑之詔既下邪柔者頗愧焉
臣從彥辨微曰孟子曰仁言不如仁聲之入人深也仁
言仁聲有以異乎曰仁言為政者道其所為仁聲民所
稱道此不可不知也夫天子所為要須有以風動天下
如漢光武起循吏卓茂而以大傅處之魏以毛玠為尚
書唐以楊綰為宰相是也區區命令非所以感人也彼
漢唐之君何足道哉然一時之間所為合理尚足以感
動況以堯舜之道革易天下者乎
慶曆三年帝以晏殊為相范仲淹為參知政事杜衍為樞密
使韓琦與富弼副之以至臺閣多一時之賢天子既厭西

兵閔天下困弊奮然有意遂欲因群才以更治數詔大臣條天下事方施行十未及一而小人權幸者皆不便明年秋會殊以事罷而仲淹等相次亦皆去事遂已

臣從彥辯微曰小人之權幸可畏也久矣以仁宗之英明急於圖治晏殊爲相群賢在朝天下拭目以望太平而富范等各條具其事以時所宜先者方施行之歐陽脩又以天子更張政事憂憫元元而勞心求治之意載於制書以諷曉訓勑在位者可謂一時之良而衄於讒間不果其志何耶古者人君立政立事君臣相與合心同謀明足以照之仁足以守之勇足以斷之爲之不暴而持之以久故小人不得以措其私權幸不得以摇其成若慶曆之事銳之於始而不究其終君臣之間毋乃有未至耶致治之難古今之通患也可勝咤哉

誕節太祖曰長春太宗曰壽寧真宗曰承天仁宗曰乾元英宗曰壽聖神宗曰同天哲宗曰興龍

臣從彥辨微曰誕節古無有也自唐開元中源乾曜等啓之耳説者謂唐太宗不以生日宴樂以為父母劬勞之日也乾曜等乃以人主生日為節夫節者陰陽氣至之候不可為也明皇享國日久此以下闕文

豫章羅先生文集卷第五

豫章羅先生文集卷第六

集録

遵堯録五

李沆

太宗時以著作佐郎直史舘賜五品服雍熙中左拾遺王化基上書大言自薦帝謂宰相曰李沆宋湜皆佳士也可并試之明日並命為右補闕知制誥沆位二人之次特升於上未幾召入翰林充學士賜金紫弼違獻可多沃上心天子知其才乃有意於大用淳化二年拜給事中參知政事帝乃循名責實沆勵翼一心將明庶政名器有倫人無僥倖四年以本官罷去

真宗即位拜戶部侍郎參知政事明年以本官平章事沆在中書未嘗密進封章帝詰其故沆曰臣備位宰相公事當

公言之苟背同列密有啓奏非譏即佞臣每嫉此豈復自為之耶帝嗟賞之

將詔庶官上封直言有指中書過失請行罷免者帝覽之不悅謂沆曰此輩皆非良善止欲自進當譴責以警之沆曰朝廷比開言路苟言之當理宜加旌賞不則留中可也況臣等非才備員台輔儻蒙見黜乃是言事之臣有補朝廷帝曰卿真長者耳

臣從彥釋曰自古諫官論事執政者多忌之又惡聞過失杜塞天下之口惟唐之裴垍與李沆二人不然垍之相憲宗也諫官有論事者必獎激之使盡言而章聖時有指中書過失者席欲責之沆曰朝廷比開言路顧言之當理與否耳歸咎於己而自謂非才非忠於事君以天下國家為一體者其孰能之

咸平五年春帝以上元御楼見人物繁盛因命舉酒賜侍臣曰天下富庶如此嘉與卿等共舉此觴沆辭避至數四訖不受帝為之色變翌日王旦謁之逡巡語及力辭酒事沆曰天下庶事尚多有未濟者人主豈得言治安遂極論治體以為自古人主好尚之弊有三不好色則好兵不好兵則好神仙以沆觀之聖性如此必無好色好兵之累第恐異日為方士所惑沆老矣思念相公適當之耳

景德初北戎寇邊沆當居守之任坐鎮京國令行禁止不戮一人使天下無南顧之憂同德一心光輔大政明年進門下侍郎王旦前此已任參知政事及是西北二方猶梗羽書邊奏無虛日每延英書訪王命急宣或至旰昃不遑暇食旦謂沆曰安得坐見太平吾輩當優游晏息矣沆曰國家强敵外患適足為警懼異日天下燕安人臣率職亦未

必高拱無事君奚念哉
臣從彥釋曰常人之情方當有警時不能隨事應酧或至失措及太平多暇則怠忘而不知變生無形流以國家强敵外患適足為警懼異日天下晏安未必無事則其所見過於常人遠矣
沆內行修謹識大體外居大位接賓客常寡言馬亮與沆同年生又與其弟維善因以語維維乘間達亮語沆曰吾非不知也然今之朝士得升殿言事上封論奏了無壅蔽多下有司皆見之矣若邦國大計北有强虜西有戎遷日旰條議所以備禦之策非不詳究搢紳中若李宗諤趙安仁皆時之英秀與之談論猶不能起發言意自餘通籍之子坐起拜揖尚周章失措即帝必自論功以希寵獎此有何可採而與之接語耶苟屈意與相親則世所謂籠罩籠罩

之事僕病未能也為我謝馬君沈常言居重位實無補萬
分惟中外所陳利害一切報罷此少足以報國耳朝廷防
制纖悉備具或徇所陳請施行一事即所傷多矣議者謂
此正唐人陸象先庸人擾之之論也
臣從彥釋曰李沈之言以常人觀之甚得太平宰相之
體必不至若張湯輩取祖宗法度紛然更張以擾天下
之民然太宗好論錢穀呂端寇準等不能言而張觀能
之真宗崇信天書王旦等不能言而張奭能之尺有所
短寸有所長豈可厚誣以天下皆無人堯曰稽于衆舍
己從人又況其下者乎此則沈之失也
沈之相也是時丁謂尚為兩制寇準屢薦之未及進用準一
日言於沈曰如丁謂之才搢紳無幾相公不用何也沈曰
丁今已為兩禁稍進用則當國矣若此人者果可使當國

平準曰然相公自度終能抑之乎沆曰唯唯行且用之他
日願勿悔也及謂東政未幾而準有南遷之禍
初沆當無事時當與王旦語及方士之説及西北二方有警
又曰異日天下宴安人臣率職亦未必高拱無事其後北
鄙和好西戎欵附不十年間西祀東封旦講礼儀治財賦
力不暇給追憶其言使人即其家圖像拜之服其先識

寇準

太宗時以通判鄆州召見帝謂曰知卿有謀試與朕決一事
令中外不驚擾此事已與大臣議之矣準請示其事帝曰
東宮所為不法他日必為桀紂之行欲廢之則宮中已自
有兵甲恐召乱準曰請某月日令東宮於某處攝行礼其
左右侍衛皆令從之陛下搜其宮中果有不法之器俟還
而示之隔下左右勿令入但一黄門力爾帝以為然東宮

服事遂廢之

太宗久不豫時準在魏驛召還問以後事準謝曰知子莫若父臣愚不敢與也帝曰以卿明智不阿順故以問卿卿不應辭避準再拜請曰臣觀諸皇子誠無不令至如壽王得人心深矣帝大悅遂定策以壽王為太子躬行告廟及還六宮皆登御樓以觀之時李后在焉聞百姓皆歌呼曰吾帝之子年少可愛后不悅歸以告帝帝召準責曰萬姓但知有太子而不知朕卿悞朕也準曰太子萬世社稷之主若傳之失其人誠為可憂今天下歌其得賢臣敢以為賀帝始解自是眷注益厚累為諫議大夫樞密副使參知政事

真宗即位併三司為一使始命準為之景德元年同平章事會契丹寇澶淵時大臣議宜戒嚴京城益兵圖西南之幸

準面折之曰王欽若江南人故請陛下幸金陵陳堯叟蜀
人故請陛下幸成都皆淺議耳不足取也今虜涉吾地莫
敢前却陛下若親征賊當膽裂惡在他圖哉帝至澶淵賊
猶未退準曰六軍心膽在陛下身上若今登城禽賊必矣
帝從之將吏驩呼萬弩齊發射殺賊將王統軍者軍聲大
振賊勢覺遂乞通和帝以問準準畫策進曰如能用臣此
策可保數百年無事不然四五十年後恐賊心又生矣帝
曰朕不忍生靈受困不如聽其和蓋五十年後安知無能
捍塞者乎虜遂得和準在軍中詔令有所不從及事平謝
曰使臣盡用詔令豈得事成之速哉帝笑而勞之曰卿顧
為誰初帝幸澶淵來與方渡河虜騎充斥至于城下人情
詾詾帝使人微覘準所為而準方酣寢於中書鼻息如雷
人以其一時鎮物比之謝安

臣從彥釋曰人才各有所用自非大賢不可責備若準多私意強辯誠可惡至契丹寇澶淵折陳堯叟王欽若乖謬之謀勸帝親征赫然立大功於世蓋非庸庸者所能及也非才各有用故耶

準好賢樂善於知人尤明其所推薦若种放孫何丁謂之徒皆出其門嘗語其親厚者曰丁生誠奇才然殆不堪重任其後自永興軍復拜中書侍郎平章事是時丁謂為佐一日會食政事堂羹污準鬚謂起與拂之準曰君為參預大臣而親為官長拂鬚者乎謂顧左右大愧恨之帝既倦政而丁謂姦佞迎合太后有臨朝之謀準便殿請封曰太子睿德天縱足以任天下之事陛下胡不協天人之係望講社稷之丕謀若丁謂負才而挾奸曹利用恃權而使氣皆不可以輔少主恐亂陛下家事因俯伏流涕帝命中人扶

起惝詗之明日謂之黨以急变聞飛不軌之語以中準坐是罷相乾興元年二月貶雷州司户參軍

臣從彦釋曰古之用人以德器為先才大而德不足祗為累耳準始薦丁謂於李沆沆不可準曰若丁謂之才相公自度終能抑之乎及謂當國又不能容之斥其挾姦不可以輔少主遂取南遷之禍準之南遷可也然使謂無所忌憚得結雷允恭以圖不軌皆準之由後之為大臣者貪人之才而不究其德可少戒哉

初真宗問兩府曰朕欲得一人為馬步軍都指揮使卿等擇之方議其事吏有以文籍進者準曰為何文字曰例簿也準叱之曰朝廷欲用一衙官尚須檢例則安用我輩哉夫壞國政損王道正由中書屑屑檢例耳準在中書凡有為多不用舊例皆此類也然三入相而不能久於位者多以

此爲累
帝方不豫謂侍臣曰能成吾子爲帝而不朕虞者惟寇準李
迪可矣
王旦
真宗時累爲翰林學士人謂有宰相器嘗奏事下殿帝目送
之曰與朕致太平者必斯人也
景德二年拜平章事時契丹初請盟趙德明納誓約願守河
西二邊兵罷不用帝遂欲以無事治天下旦以謂宋興三
世祖宗之法具在故其爲相務行故事謹所改作進退能
否當罰必當群工百司各得其職
趙德明納誓約願守河西已而以民飢爲言求糧百萬斛大
臣皆言德明新納誓而敢違之以詔書責之帝以問旦旦
曰不可請降詔書諭之曰尔土災饉朝廷撫御遠方固當

賑救然邊塞芻粟屯戍者衆自要支持今勑旨有司且粟百萬於京師可自遣衆飛輓帝大喜德明得詔慚且拜二

朝廷有人矣

時契丹征高麗帝語旦曰萬一高麗窮蹙或歸於我或來乞師何以處之旦曰當顧其大者契丹方固盟好高麗貢奉累歲不至帝曰然可諭登州如高麗使來乞師即語累年貢奉不入不敢達於朝廷如有歸款存撫之亦不須以聞

帝一日謂宰相曰方今四海無虞而言事者謂和戎之利不若克定之功也旦曰祖宗平一區宇每興功動衆皆非獲已先帝時頗已厭兵今柔服異域守在四夷蓋帝王之盛德也且武夫悍卒小有成功過求爵賞威望既盛即須姑息往往不能自保功名輕議兵戎不可不察也

臣從彥釋曰師旅之興必有謂也在易師之六五曰田

有禽積執言無咎蓋謂戎夷猾夏寇賊姦宄以害生民不可懷來也然後奉辭以討之猶之禽獸在田侵害苗稼然後獵之如此而動乃得無咎不然則其咎大矣執言奉辭也蓋明其罪而討之也書有甘誓費誓詩有采薇采芑亦以此也後世失之乃有和戎克定之說至漢武帝時韓安國王恢爭辯紛紛不足尚古者天子有道守在四夷詩曰莫敢不來享莫敢不來王是也及其為中國患也則亦驅之出境而已詩曰薄伐玁狁至於太原是也為害則獵而取之不卹也易之言是也此聖人之格言萬世不易之理也王旦之對章聖皇帝也善則善矣然其理未明其事無證謂武夫悍卒小有成功過求爵賞不能自保功名是亦利之而已矣豈知言哉

祥符八年帝謂旦等曰人言中書罕言事稀接賓客政事亦

多稽留旦曰中書當言者惟進賢退不肖四方邊事郡縣
水旱官吏能否刑法枉直此數事動禀進止外人不知是
臣等無漏言也稀接賓客誠亦有之如轉運使副提點刑
獄切要藩郡知州及非常委任者臣等未嘗見其有勞績
至中書者多是徼求恩渥大約中書事簡加以動守程式
不敢隨意增損循常細務應報或有緩急亦無踰日限此
外思慮不至事有未便不免重煩聖斷耳帝再三慰諭之
旦嘗因便座奏事帝語及一省郎姓名且曰斯人履行才幹
俱有可采今方典郡宜與甄擢旦等皆素知其爲人因共
稱薦之自是屢加歎賞令俟歸朝擢以爲轉運使徐更別
議陞涉既而代還會外計闕官旦即與同列擬定名氏約
以次日奏補及晚其人投刺來謁旦以方議委任辭弗見
詰朝入對具道本末請授以轉漕帝默然不許退而歎駭

者久之乃知昨暮造請雖進見已爲伺察者所糾矣每戒
同列以私謁之嫌當須謹避庶幾免於悔吝
臣從彥釋曰人主於宰相疑則勿任任則勿疑昔謝必
言之詳矣旦以外計闕官除一轉運使且大臣所嘗共
薦者帝用伺察者之言而不聽非至誠委任大道也夫
君臣一體者也爲旦計者苟情有不通當力言之以除
壅蔽可也柰何以私謁之嫌欲自免於悔吝天下之事
有大於一轉運使者多矣每每如此則其爲悔吝可勝
言哉此旦之失也
初旦在中書帝獨倚任凡有議事帝必曰曾與王旦議否事
無大小非其言不決自景德以來褒二聖休德之後謹守
成憲務在安靖外無夷狄之虞者十餘年兵革不用議者
謂得太平宰相之體

旦於用人不以名言必求其實苟賢且才矣必久其官衆以為宜某職然後遷其所薦引人未嘗知寇準為樞密使當罷使人求使相旦大驚曰將相之任豈可求耶且吾不受私請準深恨之已而制出除武勝軍節度使同中書門下平章事入見泣曰非陛下知臣何以至此帝具道旦所以薦者準始愧歎以為不可及

旦任事久有於上前謗之者輒引咎未嘗自辯至他人有過失可辯者辯之必得而後已榮王宮火延前殿有言非天灾請置獄劾火事當坐死者百餘人旦獨請見曰始失火時陛下以罪已詔天下而臣等皆上章待罪今反歸咎於人何以示信且火雖有迹寧知非天譴耶由是坐者皆免

旦嘗以任中正知成都代張詠言者以為不可帝以問旦旦曰非中正不能守詠之成規若他人往必妄有更變矣帝

然之言者亦伏旦之能用人也
宦者劉承珪以恭謹得幸病且死求為節度使帝以語旦曰承珪待此以瞑目旦執以為不可曰他日將有求為樞密使者奈何至今内臣官不過留後

王曾

真宗景德中授著作佐郎直史館時朝廷與契丹修好詔遣使以北朝称之曾抗疏論列當称契丹不當称北朝帝尤加賞激朝論韙之然使者已行遂已累遷諫議大夫參知政事

帝好神仙築昭應景靈宮用大臣領使以曾為景靈宮使不拜忤旨罷政出知南京曾之罷也日往候故太尉王旦屬旦疾困辭弗見既而語之曰王君介然他日勳業德望甚大顧某不得見之耳且曰王君昨以辭避景靈宮使拂帝

意然進對詳雅詞直氣和了無所攝某自循省在政府幾
二十年每進對稍忤即愍縮不自容以是知其器度矣
天禧二年召為平章事初真宗不豫者久之莊憲太后方有
臨朝之望仁宗居儲邸於資善堂決事物議籍籍咸有所
去就會曾再貳鈞席語錢惟演曰皇儲沖幼非中宮不可
獨立中宮非倚皇儲之重則人心不附矣惟演以劉氏之
姻亟入白之兩宮由是益親遂無間言
臣從彥釋曰周成王嗣位之初攝政者周公而已炎漢
以來乃有太后臨朝之事而後世襲其例遂以兩宮称
之或曰二聖皆非治世典礼也天禧中物議籍籍咸有
所去就蓋母后聽從小人之利此安危禍福之機也而
世常蹈之何耶若曾之言蓋亦救其末而已
乾興二年以章聖遺制皇太后權處分軍國事聽斷儀式久

未足丁謂每欲議大政則皇太后坐後殿朝執政朔望則皇帝坐前殿朝群臣其餘庶務獨令入內押班雷允恭禁中附奏傳命中書樞密院平決之衆議以爲不可上下隔絶中外惴恐曾時判礼儀院乃采蔡邕獨斷所述東漢故事皇帝在左母后在右同殿垂簾坐中書樞密院以次奏事如儀議既定人心乃安

景祐元年拜樞密使遷右僕射門下平章事曾始參大政屬太尉王旦當國每進用朝士必先望實或告之曰某人才某人賢則曰誠知此人然歷官尚淺人望未著且俾養望歲久不渝而後擢任則榮塗坦然中外允愜曾嘗誌之及執政之日遵行其言人皆心服

臣從彦釋曰古之士者自十五入學至四十而後仕其意若曰善道以久而後立人材以久而後成故懲之以

燕間之地而寬之以歲月之期俾專其業俟其志一定則其仕也不遷於利不屈於欲道之於民而民從動之於民而民和天下被其澤矣後世怵於科舉自童稚間已有汲汲趍利之意一旦臨民則亦何所不至也王旦章聖時在中書最久每進用朝士必先望實苟人望未孚則雖告之曰某人才某人賢不驟進也此真救弊之良圖也曾之當國也遵行其言人皆心服非已行之驗故耶

曾德器深厚而寡言當時有得其題品一兩句者莫不榮之是時韓琦為諫官因納劄子曾忽云近日頻見章疏甚好只如此可矣向來如高若訥輩多是擇利范希文亦未免近名要須純意於國家事耳後琦果為名臣

尹洙初入館編校四年欲得一差遣遂到中書樓錢延年例

曾徐曰學士自待何為在錢延年等列耶沫終身以為愧恨其畏之如此

曾當國時門下未嘗見顯拔一人者范仲淹時為司諫乘間諷之曰明揚士類宰相之任也公之盛德少此耳曾徐應之曰恩若已出怨使誰當仲淹憫然自失退而嘆曰真宰相也

臣從彥釋曰宰相之職在於進賢退不肖古之人有舉之至於同朝而人不以為德有廢黜之終其身而人不以為怨者合於至公故也故舉一賢使天下之人知如是者皆可勉去一不肖使天下之人知如是者皆可懲無非教也夫以明揚士類為宰相之任此諷言也曾答之曰恩若已出怨使誰當則是避嫌者也避嫌非至公之道也仲淹聞而嘆之蓋亦得之於初而失之於末矣

曾嘗語人曰昔楊億有言人之操履無若誠實竊欽佩之苟

執之不渝夷險可以一致及當國内外親戚可任者言之

於上否者厚卹之以金帛終不以名器私所親

豫章羅先生文集卷第七

集錄

遵堯錄六

杜衍

仁宗時以樞密直學士知永興軍初夏人叛命天下苦於兵自陝以西尤病吏緣侵漁調發督迫民至破業不能足往往自經投水以死及衍至語其人曰吾不能免汝然可使汝不勞爾乃爲之區處計校量物有無貴賤道里遠近寬其期會使得次第輸送由是物不踊貴車牛芻秣宿食如平時而吏束手無所施民比它州費省十六七

慶曆二年遷吏部侍郎樞密使吏部審官主天下吏貧而居職者類以不久遷去故吏得爲姦衍始視銓事一日選者三人爭某闕衍以問吏吏受丙賕對曰當與甲乙不能爭

乃授他關吏數日吏教丙訟甲負其事不當得銜悟召乙
問之乙謝曰業已得他關不願爭銜不得已與丙而笑曰
此非吏罪乃吾未知銓法爾因命諸曹各具格式科條以
白問曰盡乎曰盡矣明日勑諸吏無得升堂使坐曹聽行
文書而已由是吏不得與銓事予奪一出於已居月餘聲
動京師銜掌銓之明年以本官同中書門下平章事苞苴
寶貨不敢到其門是時帝厭西兵之久出而民弊甚亟用
丞相富弼樞密韓琦及范仲淹而三人者乃欲盡革衆事
以修紀綱而小人權幸者皆不悅獨銜與相左右
臣從彥釋曰昔唐明皇開元初盧懷謹與姚崇同秉政
自以才不及崇每事推之但具位而已其後司馬光作
資治通鑑深取之曰賢知用事為[redacted]僚者專固以分其
權媢疾以毀其功是誠罪人崇唐之賢相懷謹與之同

心戮力以濟明皇

仁宗自慶曆中力止内降之弊時有權幸干之者曰朕與内
降不難然宰相衍公正介執必不出勅忽有不得已而降
聖旨者衍皆收之候及十數則連封而面還之帝嘗謂歐
陽脩曰外人知杜衍封還内降耶吾居禁中有求恩澤者
每以杜衍不可告而止者多於所封還也其助我多矣初
帝嘗謂杜衍曰朕宮中被宦官女子求恩澤不得已降旨
者但止勿行衍降拜賀曰陛下爲宗廟社稷發此盛德之

言天下幸甚臣敢不奉詔退坐中書召當直史官具道聖
語使書之韓琦聞之曰杜公可謂能釘鉸上詔矣
衍執政不久才百日輒罷去衍之罷相也以太子太保聖居
然聖眷不衰及將祀明堂帝謂文彥博曰朝廷耆老之在
外者朕欲致之以相大禮因以示古人尊事黄耇之意乃
詔衍與太子少傅任布等二人陪祀衍以衰老不任就道
具表謝以不得與觀盛禮爲恨帝復優詔勞之後王洙謁
告歸南京入辭帝曰杜衍在彼卿爲朕問其安否
韓琦嘗語人曰杜祁公存心至公而樂與人爲善既知其人
無復有毫髮疑間者始某爲樞密副使而杜公爲太尉其
輒論難一二事杜公不樂人或諷解之則曰某長渠三十
歲耳尚有誤耶久之既相亮即每事問曰諫議看來未但
曾經諫議看便將來押字某益爲之盡心不敢忽也以此

見杜公存心至公不以必出於己爲勝賢於人遠矣

臣從彥釋曰世俗之人莫不喜人同乎己而惡人異於己也同於己而欲之異於己而不欲者以出乎衆爲心也以出乎衆爲心則以其不大故也唯大爲能有容善者共說之不善者共改之宜無彼己之異故稱曰大舜禹曰大禹者明乎此而已矣若衍存心至公而樂與人爲善不以必出於己爲勝其舜禹之徒與詩云唯其有之是以似之此之謂也

衍爲人充潔廉自尅其爲大臣事其上以不欺爲忠推於人以行己取信故其動靜纖悉謹而有法其立於朝廷天下國家以爲重其治吏事如其爲人其聽獄訟雖明敏而審覈愈精故釐決疑獄人以爲神其簿書出納推析毫髮終日無倦色至爲條目必使吏不得爲姦而已及其施於民

則簡而易行居家見賓客必問時事聞有善喜若己出至有所不可憂見於色或夜不能寐如任其責者

韓琦

仁宗景祐中擢左司諫是時宰相王隨陳堯佐皆老病不和中書事多不决參政韓億石中立又頗以私害公琦連疏其失久之不報又請下御史臺集百官决是非帝迫於正論於是同詔罷執政者四人琦既攻退四執政朝議欲以知制誥寵其盡言琦曰諫行足矣因取美官非本意也人其謂何語聞遂寢

臣從彥釋曰凡爲天下國家者其安危治亂是非得失必有至當之論至正之理而宰相行之臺諫言之其揔一也至於宰相或取充位則臺諫不可以無言臺諫或非其人則宰相不得以緘默趍於至當而已矣仁宗景

祐中中書事多不決而參政一人又以私害公琦爲司諫連疏其失帝迫於正論遂罷執政者四人此其職也朝議欲以知制誥寵其盡言則非矣夫臺諫官正可以觀人其德量器識足以當大任者莫不皆見可則用之不可則去之奚屑屑然以知制誥寵之哉琦曰諫行足矣因取美官非本意若琦之言則是也非有大器識者其孰能之

慶曆中以工部尚書同中書門下平章事仁宗方倚左右大臣以經太平之務琦自得選勑羣吏百司奉法循理各安其職而天下晏然是時范仲淹富弼與琦同在二府上前爭事議論不同然下殿來不失和氣如未嘗爭也議者謂琦等三人輔政正如推車子蓋其心皆主於車可行而已不爲已也

仁宗在位四十一年皇嗣未立天下以爲憂大臣顧避畏縮莫敢言琦乘閒進曰皇嗣者天下安危之所繫自昔禍亂之起由策不早定也今陛下春秋高未有建立何不擇宗室賢者而定之以爲宗廟社稷之計乎不聽他日又進言之乃以英廟判宗正寺琦既得請許立嗣矣而宮人宦者環泣於内大臣小臣横議於外帝意復動臨朝默然不樂琦每伺顔色不知身之所容也洎英廟謙避久之而帝意尤懈乃曰不如且放下琦遂從容對曰天下人已知之而中輟非朝廷爭動也帝悟遂立爲皇子

英廟既即位之數日初掛服於柩前哀未發而暴疾作連聲大呼其語言人所不可曉左右皆反走大臣輩駭愕癡立莫知所措琦亟投杖於地直趨至前抱持入簾曰誰激惱官家且當服藥内人驚散呼之徐徐方來遂遣擁帝以授之

曰須用心照管官家再三慰安以出因疾見者曰今日事
惟其人見外人未有知者復就位哭泣處之若無事時歐
陽脩歸以語所親曰韓公遇事眞不可及
英宗之疾中外莫知其誠偽且遇內侍少恩禮左右不說多
道禁中隱匿者雖大臣亦惑顧未敢發口耳獨琦屹然不
爲衆說動一日昌言曰豈有前殿不曾差了一語入宮門
乃有許多錯耶自爾不敢妄有傳語言者
英廟既驟自外來又方寢疾不預事人情傾向在太后琦慮
宮中有不可測者一日因對簾下曰臣等只在外面見得
官家裏面保護全在太后若官家失照管太后亦未得安
穩太后照管則衆人自當照管同列爲縮頸汗流既出吳
奎長文曰語不太過否琦曰不如此不得
琦在嘉祐治平間當昭陵未復土英廟未親政中書文字日

盈於前一一從頭看了即處置了接人更又處事更多
精神意思定而不亂靜而不煩如終日未嘗觸事者
神宗即位拜司空兼侍中爲英廟山陵使既還引故事固請
罷遂以節鎮出訖熙寧八年凡兩判相州一判永興軍一
鎮大名王安石用事嘗上疏極論新法又論青苗其言切
至帝感悟欲罷其法安石稱疾求去乃已之
琦之爲諫官也凡中外事苟在所知未嘗不言其啓迪上心
則又每以明得失正紀綱親忠直遠邪佞爲急其在相府
也事有當然不當然者必堅立不動反復論列須正而後
退不敢取次放過每見人文字有攻人隱慝者即手自封
之未嘗使人見嘗自言作相極有難處事蓋天下事無有
盡如意者須要包忍不然不可一日處也
歐陽脩在政府時有自陳不中理者輒峻折之故人多怨至

琦作相從容諭以不可之理同列有不相下者語嘗至詆擊琦待其氣定每爲平之使歸于至當雖喜勝者亦自默也北都大內壁間有太宗詩意在燕薊缺一字甚壯琦之來也得旨修護之既而密有勸以此詩進者曰修之則已安用進爲客亦莫諭其意及韓絳來遂模本進琦聞之歎曰昔豈不知此耶顧上方銳意西事老臣不當更導之耳

初富弼嘗薦王安石爲翰林學士琦不聽弼曰若安石經術才行乃不用耶曰安石經術才行某所備知此人豈可使長在人主左右必生事也已而果然在相州時雖老病不忘社稷每聞安石更祖宗一法度朝廷一紀綱憂見於色或至終日不食

臣從龢釋曰王安石以高明之學卓絕之行前無古人其意蓋以孟子自待自世俗觀之可謂名世之士矣故

熙寧初富弼屢薦琦乃謂此人不可使長在人主左右其後安石入翰林每奏對輔座之前惟事彊辨及其大用也變更祖宗法度創爲新說以取必天下之人茅靡其心而蠱其耳目毒流後世嗚呼異哉所爲貴於鑑明者爲其不可以形遁也所爲貴於衡平者爲其不可以輕重欺也觀李沆之於丁謂琦之於安石不啻鑑衡然不知二人獨何以見之如此其審此其可貴也已

范仲淹

仁宗天聖初擢右司諫當太后臨朝至日大會前殿帝將帥百官爲壽仲淹言天子無北面且開後世弱人主以強母后之漸其事遂已及太后崩有遺命立楊太妃代之仲淹曰太后聖母也自古無代立者由是罷其冊命是時大旱蝗奉使安撫東南還會郭后廢率諫官御史伏閤下爭不

能得賢知睦州
仲淹自睦州徙知蘇州歲餘以禮部員外郎天章閣待制召
還論事益切執政者忌之命知開封府欲撓以繁劇而使
他議之不暇也仲淹明敏決事如神事日益簡乃取古今
治亂安危爲上開說時宰相得君權無與比或以己意任
人人不敢言仲淹因對而言曰 君當任人臣當任事若進
用賢傑選擢近輔顧出自聖意不宜專 委宰相帝曰我不
能盡記卿可作一文書來仲淹乃爲百官圖以獻曰任人
各以其材而百職修堯舜之治不過此也因指其遷進遲
速次序曰如此而可以爲公可以爲私亦不可不察由是
呂丞相怒至交論上前坐是落職知饒州司諫高若訥言
賢黜猶輕歐陽脩貽書責之亦從貶余靖尹洙皆以朋黨
出黜於是蔡襄作四賢一不肖詩以播其事仲淹之知開

封也嘗曰侍臣當輔翼天子之政教固宜朝夕論思以圖稱職如開封乃一郡之事耳政使[illegible]之張輩功績何足為報

臣從彥釋曰帝王之興尋常所謂才智藝能之士足以效一官一職者非無其人於千官百辟中求其最者若兼善澤民以天下為心不忘王室者何其艱哉仲淹以侍臣命知開封謂趙張不足為[illegible]以輔翼天子政教為念則其賢可知也已傳曰器博者無近用道長者其功遠仲淹有焉

寶元中趙元昊叛帝以仲淹才兼文武復戢知永興道授陝西都轉運使遷龍圖閣直學士時延安新被圍朝廷擇將皆畏不行仲淹奏請兼延安事以待寇至帝嘉而從之閱兵得萬八千遣六將軍俾領之旦夕訓練號為精兵賊聞

之戒曰無以延州爲意今小范老子腹中自有數萬兵甲不比大范可欺

慶曆三年春召爲樞密副使既至數月以爲參知政事仲淹每進見帝必以太平責之仲淹歎曰上之用我者至矣然事有先後而革弊於久安非一朝可也既而再賜手詔趣使條天下事又開天章閣召見賜坐授以紙筆使疏于前仲淹皇恐避席始退而條列時所宜先者十餘事其詔天下興學取士先德行不專文辭革磨勘例遷以别能否減任子之數而除濫官用農桑考課守宰等事方施行而磨勘任子之法僥倖之人皆不便因相與騰口而嫉仲淹者亦幸外有言喜爲之左右會契丹與元昊爭銀甕族於是麟府奏警仲淹乃有請出爲河東陝西宣撫二虜聞之皆不敢動

初晏殊杜衍皆居相府而仲淹富弼韓琦皆進用以至臺閣
多一時之賢太子中允石介作慶曆聖德詩以褒貶大臣
分别邪正累數百言仲淹與韓琦適自陝西來道中得之
仲淹撫股謂琦曰爲此鬼怪輩壞了也琦曰天下事不可
如此如此必不成

臣從彦釋曰易大有之象曰火在天上大有君子以遏
惡揚善順天休命夫當大有之時善者揚惡者遏不使
並進固君子所以順天休美之命也然忠佞大分善惡
察察不知有包荒之義則小人權倖者將無所容而交
結黨扇何憚而不爲也仁宗時羣賢在朝石介作聖曆
聖德詩以褒貶大臣失之於此此仲淹等之所以見忌
而太平之功不成抑有由矣嗚呼仲淹可謂明也已

仲淹爲將務持重不急近功小利在延州時築青澗城墾營

田復承平來平廢寨熟羌歸業者數萬戶在慶州時城大順以據要害奪賊地而耕之又城細腰胡盧於是明珠滅臧等大族皆去賊爲中國用自邊制久隳至兵與將常不相識仲淹始分延州兵爲六將訓練齊整諸路皆用以爲法方元昊窺邊其主謀張元輩聞朝廷命將若韓琦等但嘻笑而已獨聞仲淹至則相顧有憂色

富弼

仁宗時以開封府推官擢知諫院康定元年日食正旦弼請罷燕徹樂虜使在館亦宜就賜飲食而已執政不從及北虜行之帝以爲悔初宰相惡聞忠言下令禁越職言事弼因論日食以謂應天變莫若通下情遂除其禁

臣從彦釋曰宰相以天下爲己任者也推公心由直道務使下情通以防壅蔽不亦善乎而惡聞忠言則其人

可知已仁宗時執政者禁越職言事弼因論日食請除
其禁此亦堯舜明四目達四聰之意而治亂之機也
自西方用兵以來吏民上書者甚衆初不省用弼言知制誥
本中書屬官可選二人置局中書考其所言可用用之宰
相以付學士弼曰此宰相偷安欲以天下盡付他人乞與
廷辯又言邊事係國安危不當專委樞密院周宰相魏仁
浦兼樞密使國初范質王溥亦以宰相參知樞密院事今
兵興宜使宰相以故事兼領帝曰軍國之事當盡歸中書
樞密非古官然未欲遽變內降令中書同議樞密院事且
書其檢宰相以內降納上前曰恐樞密院謂臣奪權弼曰
此宰相避事耳非畏奪權也
慶曆三年兩除樞密副使弼言虜既通好議者便謂無事邊
備漸弛萬一敗盟臣死且有罪非獨臣不敢受亦願陛下

恩夷狄輕侮中原之恥坐薪嘗膽不忘修政因以誥納上
前逾月復除前命弼不得已乃受時晏殊爲相范仲淹爲
參知政事杜衍爲樞密使韓琦與弼副之歐陽脩余靖蔡
襄爲諫官皆天下之望弼旣以社稷自任而帝獨責成弼
與仲淹望太平於朞月之間數以手詔促使條具其事又開
天章閣召弼等坐且給筆札使書其所欲爲者遣中使二
人更往督之且命仲淹主西事弼主北事弼與仲淹各上
當世之務十餘條又自上河北安邊十三策大略以進賢
退不肖止僥倖去宿弊爲本欲漸易諸路監司之不才者
使澄汰所部吏於是小人始不悅矣小人旣怨而大臣亦
有以飛語讒之者帝雖不信弼因保州賊平求爲河北宣
撫使以避之
至和中召拜中書門下平章事與文彦博並命宣制之日士

大夫相憂於朝弼之爲相守格法行故事而附以公議故
百官任職天下無事以所在民力困弊賦役不均遣使分
道相視謂之寬恤民力又弛茶禁以通商賈務省刑獄天
下便之六年丁秦國太夫人憂詔爲罷春宴故事執政遇
喪皆起復弼以金革變禮不可用於平世仁宗五遣使起
之卒不從命
神宗熙寧[redacted]拜左僕射平章事弼既至未見有於上前言
災異皆天數非人事得失所致者弼聞之嘆曰人君所畏
唯天若不畏天何事不可爲者去亂亡無幾矣是必姦臣
欲進邪說故先導上以無所畏使輔拂諫諍之臣無所復
施其力此治亂之機也即上書數千言雜引春秋及古今
傳記人情物理以明其決不然者時方苦旱羣臣請上尊
號及作樂帝不許羣臣固請作樂弼言故事有災變皆徹

樂恐上以同天節屢使當上壽故未斷其請臣以爲此盛
德事正當示夷狄乞并罷上壽從之即日而雨弼又上疏
願益畏天戒遠姦佞近忠良帝親書詔答之曰敢不銘諸
肺腑終老是戒弼既上疏謝復申戒不已願陛下待群臣
不以同異爲喜怒不以喜怒爲用舍弼始見帝帝問邊事
弼曰陛下即位之初當布德行惠願二十年口不言兵因
以九事爲戒

是年八月弼以疾辭位拜武寧軍節度使同中書門下平章
事判河南改亳州時王安石用事行青苗弼以謂此法行
則財聚於上民散於下且富民不願請願請皆貧民後不
可復得故持之不行而提舉常平趙濟劾弼以大臣格法
新法行當自貴近始若置不問無以令天下乃除僕射下
[illegible]州弼言新法臣所不曉不可以復治郡願歸洛養疾許

之尋請老彌雖居家然朝廷有大利害知無不言彌常言君子小人如冰炭決不可以同器若兼收並用則小人必勝薰猶雜處終必爲臭其爲宰相及判河陽最後請老家居凡三上章皆言天子無職事惟辨君子小人而進退之君子與小人並處其勢必不勝君子不勝則奉身而退樂道無悶小人不勝則交結黨扇千岐萬轍必勝而後已小人既勝必遂肆毒於善良無所不爲求天下不亂不可得也

臣從彥釋曰堯舜之時垂拱無爲而天下太平者以其舉元凱去四凶也夫君子與小人相爲消長雖文明之世不能必天下無小人雖亂世不能無君子唯能辨之使各當其分此南面之事而天子之所守者也故進君子遠小人則爲宜其職忠佞雜處小人在位則是曠職

矣天子而曠其職則亂亡而已矣故秦之亡也以李斯漢之亡也以張禹唐之亂也以林父國忠其亡也以祭朴不可不察也富弼之言其後王之龜鑑歟

豫章羅先生文集卷第七

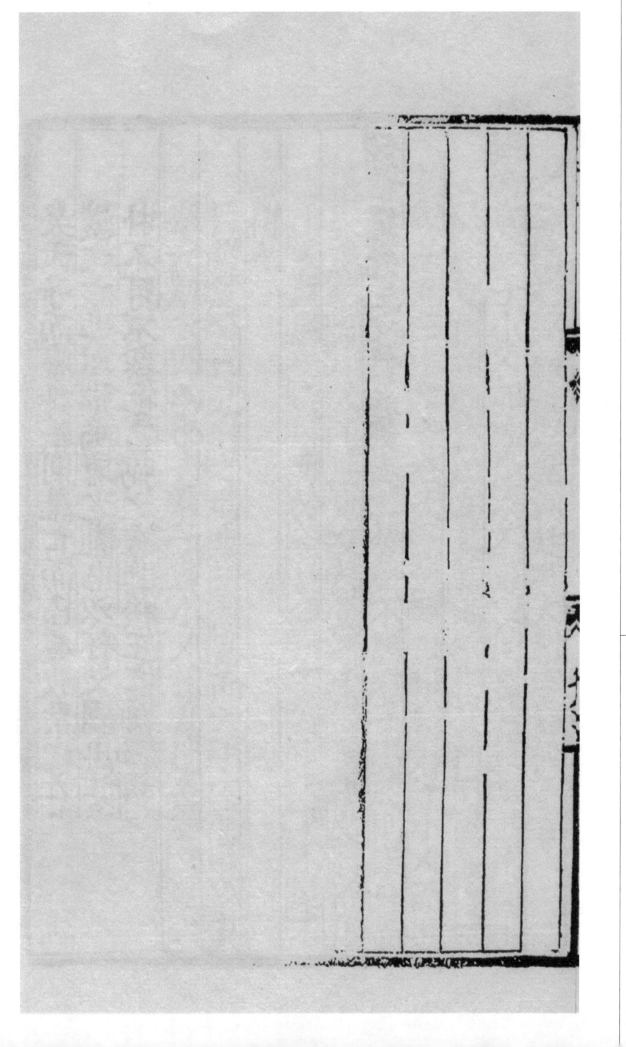

集錄

遵堯錄七

司馬光

仁宗時擢天章閣待制兼侍講仍知諫院英廟初執政建言濮安懿王德盛位隆宜有尊礼詔太常礼院與兩制議翰林學士王珪等相顧不敢先光獨奮筆立議曰為之後者為之子不敢復顧其私親今日所以崇奉濮安懿王典礼宜一凖先朝封贈期親尊屬故事高官大爵極其尊榮議成珪即勑吏以光手藁為案至今存焉時中外詾詾御史呂誨傅堯俞范純仁呂大防趙鼎趙瞻等皆爭之相繼降黜光上疏乞留之不可則乞與之皆貶

神宗即位首擢光為翰林學士光辞以不能四六帝面諭之仍

遣内臣以告强之乃受遂為御史中丞初中丞王陶論宰相不押常朝為不臣宰相不從陶爭之力遂罷光繼之言宰相不押班細故也陶言之過然愛礼存羊則不可已頃年宰相權重今陶復以言宰相罷則中丞不可復為臣願俟宰相押班然後就職帝曰可

光在英廟時與吕誨同論祖宗之制内當御藥院常用供奉官以下至内殿崇班則遷近歲居此位者皆暗理官資食其廩給非祖宗本意又故事年未五十不得為内侍省押班令除張茂則止四十八不可至是又言之因論高居簡姦邪乞加遠竄章五上帝為盡罷寄資内臣居簡亦補外光又言近者王中正往陝西知涇州劉渙等謟事中正而鄜延鈐轄吳舜臣違失其意已而渙等進擢舜臣降黜權歸中正謗歸陛下是去一居簡得一居簡矣上手詔問光

所從知光曰臣得之賓客非一人言事之有無惟陛下知之若無臣不敢避妄言之罪萬一有之不可不察

臣從彥釋曰唐制宦官之法最善至明皇時不知謹守因高力士而輕變之其源一啟末流不可復塞自英廟以至神宗之初光每與呂誨同論祖宗之制蓋懲於此矣王安石用事又復啟之蔡京恃以為姦其權大盛天下之士爭出其門根株蟠結牢不可破遂為腹心痼疾可勝言哉今則祖宗之法具在但守之勿失推之萬世雖至於無窮可也

王安石始為政創立制置三司條例司建為青苗助役均輸之政置提舉官四十餘員行其法於天下謂之新法光迩英殿進讀至蕭何曹參事光曰參不變何法得守成之道故孝惠高后時天下晏然衣食滋植帝曰漢常守蕭何之

法不变可乎光曰何獨漢也使三代之君常守禹湯文武之法雖至今存可也書曰無作聰明乱舊章漢武帝用張湯言取高帝法紛更之盜賊半天下由此言之祖宗之法不可变也後数日呂惠卿進講因言先王之法有一年一变者有五年一变者有三年十一变者光以為不然且曰治天下者譬如居室弊則更之非大壞不更造也大壞而更造非得良匠美材不成也今二者皆無有臣恐風雨之不庇也公卿侍從皆在此願陛下問之三司使掌天下財不財而黜之可也不可使兩府侵其事今為制置三司條例司何也宰相以道佐人主安用例苟用例而已則胥史足矣今為看詳中書條例司何也惠卿不能對詆光曰光為侍從何不言之而不從何不去光答曰是臣之罪也帝曰相與論是非耳何至是呂惠卿講畢群臣賜坐戶外

將出命徙于戶內帝曰朝廷每更一事舉朝訩訩何也王珪曰臣疏賤在闕門之外朝廷之事不能盡知借使聞之道路又不知其虛實也帝曰聞則面言之光曰青苗出息平民爲之尚能以蠶食下戶至飢寒流離況縣官法令之威乎惠卿曰青苗法願取則與之不願不强也光曰愚民知取債之利不知還債之害非獨縣官不强富民亦不强也帝曰坐倉糴米何如坐者皆起曰不便已罷之幸甚帝曰未罷也光曰京師有七年之儲而錢常乏若坐倉錢益乏米益陳奈何惠卿曰坐倉得米百萬斛則省東南百萬之漕以其錢供京師何患無錢光曰東南錢荒而米狼矣今不糴米而錢漕棄其有餘取其所無農末皆病矣侍講吳申曰光言至論也光曰此皆細事不足煩人主但當擇人而任之有功則賞有罪則罰此則陛下職也帝曰然文

王罔攸兼于庶言庶獄庶慎惟有司之牧夫光趨出帝曰
卿得無以惠卿之言不樂乎光曰不敢
韓琦上疏論青苗之害帝感悟欲罷其法安石稱疾求去會
光拜樞密使上章力辞至六七曰陛下誠能罷制置條例
司追還提舉官不行青苗等法雖不用臣臣受賜多矣不
然不敢受命也帝遣人謂光曰樞密兵事也官各有職不
當以他事爲辭光曰臣未受命則猶侍從也於事無不可
言者安石起視事青苗法卒不罷光亦卒不受命尋以書
諭安石三往反開諭切至猶幸安石之聽而改也因以謟
謏指惠卿曰覆王氏必此人也小人以利合勢傾利移何
所不至後六年惠卿叛安石上書告其罪
光求外補以端明殿學士出知永興軍頃之詔移許州不赴
遂乞判西京留司御史臺以歸自是絶口不言事至熙寧

七年帝以天下旱蝗詔求直言光讀詔書泣下欲默不忍乃復諫六事青苗等法曰此六者尤病民宜先罷之又以書責宰相吳充天子仁聖如此而公不言何也凡居洛十五年再任留司御史臺四任提舉崇福宮

神宗登遐光赴闕臨衞士見光入皆以手加額曰此司馬相公也民遮道呼曰公無歸洛留相天子活百姓所在數千人聚觀之光懼會放辭謝遂徑歸洛太皇太后聞之詰問主者遣使勞光問所當先者光言近歲士大夫以言為諱閭閻愁苦於下而上不知明主憂勤於上而下無所訴此罪在群臣而愚民無知歸怨先帝宜下詔首開言路於是下詔牓朝堂而當時有不欲者於詔語中設六事以禁切言者光曰此非求諫乃拒諫也人臣唯不言言則入六事矣請改賜詔書從之於是四方吏民言新法不便者數千

人光方草具所當行者上之而太皇太后已有旨散遣修京城役夫罷減皇城内覘者止御前工作出近侍之無狀者三十餘人戒勅中外無敢苛刻暴斂廢導洛司物貨場及民所養戶馬寬保馬限皆從中出大臣不與光上疏謝當今急務陛下略已行之矣小臣稽慢罪當萬死詔除光知陳州過闕入見使者勞問相望於道至則拜門下侍郎光力辭不許數賜手詔先帝新棄天下天子冲幼此何時而君辭位耶初神宗皇帝勵精求治安石用心過當急於功利小人得乘間而入呂惠卿之流以此得志後者慕之爭先相高而天下病矣帝覺其非出安石金陵天下欣然意法必變雖安石亦自悔之欲稍自改而惠卿之流恐法變身危持之不肯然帝終疑之遂退安石八年不復召而惠卿亦再逐不用元豐之末天下多故及哲宗嗣位天下

之民日夜引領以觀新政而進說者以為三年無改於父之道欲稍損其甚者毛舉數事以塞人言光慨然爭之曰
先帝之法其善者雖百世不可變若安石惠卿等所建為
天下害非先帝本意者改之當如救焚拯溺猶恐不及況
太皇太后以母改子非子改父衆議乃定

臣從彥釋曰孔子曰三年無改於父之道此言孝子居喪志存父在之道不必主事而言也況當易危為安易乱為治之時速則濟緩則不及則其改之乃所以為孝也天子之孝在於保天下先不即理詰之乃曰以母改子非子改父以此遏衆議則失之矣其後至紹聖時排陷忠良以害於治豈亦光有以召之耶

光嘗謂治乱之機在於用人邪正一分則消長之勢自定每論事必以人物為先凡所進退皆天下之所謂當然者然

後朝廷清明人主始得聞天下利害之實遂罷保甲團教依義勇法歲一閱保馬不復買見在者還監牧給諸軍廢市易法所儲物斂之不取息而民所欠錢皆除其息京東鑄鉄錢河北江西福建湖南鹽及福建茶法皆復其舊獨川陝茶以邊用未即罷遣使相視去其甚者戶部左右曹錢穀皆領之尚書凡昔之三司使事有散隷五曹及寺監者皆歸戶部使尚書周知其數量入以為出

臣從彥釋曰光之相也天子幼冲太皇太后臨朝天下之事聽其所為其所改法令無不當於人心者推去元豐黨人與罷免役二者失之夫天下之士未有甘自為小人者也御之得其道則誰不可使者今皆指為黨人使不得自新人情天理豈其然乎故澆風一扇名實大乱世所謂善人君子者特貫禍耳可勝嘆哉安石之免

役正猶楊炎之兩稅東南人安利之若以堯舜三代之
法格之則去之可也不然未可輕議也

程顥

仁宗時以進士及第再調江寧上元簿上元田稅不均他邑尤甚顥至爲令畫法民不知擾而一邑大均會令罷去攝邑事上元劇邑訴訟日不下二百爲政者疲於省覽奚暇及治道顥處之有方不閲月民訟遂簡常云一命之士苟存心於愛物於人必有所濟

仁宗登遐遺制官吏成服三日而除三日之朝府尹率群官將釋服顥進曰三日除服遺詔所命莫敢違也請盡今日若朝而除之止二日耳尹怒不從顥曰公自除之某非至夜不敢釋也一府相以無敢除者再朞移澤州晉城令

顥之治晉城也民以事至邑者必告之以孝悌忠信入所以

事父兄出所以事長上澤人淳厚尤服其教命於是度鄉村遠近為伍保使之力役相助患難相恤而姦偽無所容凡孤煢廢疾者責之親戚鄉黨使毋失所行旅出於其塗者疾病皆有所養諸鄉皆有校暇日親至召父老而与之謂兒童所讀書親為正句讀不善者為易置之俗始甚野不知為学顥擇子弟之秀者聚而教之去邑才十餘年服儒服者蓋數百人矣鄉民為社会為立科條旌別善惡使有勸有耻邑幾万室三年之間無强盜及鬭死者

顥自晉城罷用薦者改著作佐郎尋以御史中丞呂公著薦授太子中允權監察御史裏行神宗素知其名召對之日從容咨訪比一二見遂期以大用每將退必曰頻求對來欲常相見耳前後進說甚多大要以正心窒欲求美育才為先顥不飾辞办独以至誠感動人主

帝嘗使推擇人才顥所薦者數十人而以父表弟張載暨弟頤為首常言人主當防未萌之欲帝俯身拱手曰當為卿戒之及因論人才曰陛下奈何輕天下士帝曰朕何敢如是言之至再三

時王安石日益信用顥每進見必為帝言君道以至誠仁愛為本而未嘗及功利一日極陳治道帝曰此堯舜之事朕之何敢當顥愀然曰陛下此言非天下之福也安石浸行其說意多不合事出必論列數月之間章數十上若輔臣不同心小臣預大計公論不行青苗取息等是也安石與顥二人雖道不同而嘗謂顥忠信顥嘗被旨赴中書議事安石方怒言者厲色待之顥徐曰天下之事非一家私議願公平氣以聽之安石為之愧屈顥每論事心平氣和安石多為之動而言路好直者必欲力攻取勝由是與言者為

敵

方衆人論新法紛紛之時安石以數事於上前卜之以決去就若青苗等議是也大抵帝不欲抑安石而安石之意尚亦無必但立法之始恐人沮之謂始不堅定則其後必不能行故執之也顥謂曰管仲霸者之佐也猶能言出令當如流水以順人心今參政若要作不順人心事何耶但作順人心事人誰不願從也安石曰此則感賢誠意既而有於中書大悖者安石大怒遂以死力爭之而黨與分矣

帝將黜諸言者命執政除顥以江西路提刑顥曰使臣言是願行之如其妄言當賜顯責請罪而獲迁刑賞混矣累請得罷改差僉書鎮寧軍節度判官事顥復求對見帝帝曰有甚文字顥曰今咫尺天顔尚不能少回天意文字更復何用欲去而上問者數四顥每以陛下不宜輕用兵為言

朝廷無能任陛下事者
哲宗嗣位覃恩改承議郎顥雖小官矣士大夫盱其進退以
卜興衰聖政方新矣德登進顥特為時望所屬召為宗正
寺丞未行以疾終士夫識与不識莫不悲傷為朝廷悵惜
顥之為政治惡以寬處繁而裕初移澤州晉城令在邑三年
百姓愛之如父母后僉書鎮寧軍節度判官事及知扶溝
縣事當法令嚴密之際未嘗從衆為應文逃責之事人皆
病於拘礙憂以為甚難而顥處之泰然雖當倉卒不動聲
色方監司競為嚴急之時其待之率皆寬厚設施之際有
所賴焉顥之所為綱條法度人可效而為也至其道之而
從動之而和不求物而物應不施信而民信則人不可及
也
顥在扶溝持扶溝地界歲有水旱為經畫溝洫之法未及興

工而去官他日顥語人曰以扶溝之地尽為溝洫必數歲乃成吾為經畫十里之地開其端使后人知其利必有繼之者矣夫為令必使境内之民凶年飢歲免於死亡平居无事有礼義之訓然後為尽故吾於扶溝興設斈校聚邑人子弟教之亦幾成而廢夫百里之施至狹也而道之廢興繫焉是數事皆不及成豈非命哉然知而不為徒責命之廢興則非矣此吾所以不敢不盡心也

初安石得君自謂天下斈者宗師以孔孟為己任帝眷甚厚一日對顥因談安石之斈顥曰安石之斈不是帝愕然問曰何故曰臣不敢遠引止以近事明之臣嘗讀詩詩稱周公之德云公孫碩膚赤舄几几周公盛德形容如是之盛若安石者其身之不能治何足以及此

顥嘗言王氏之於道只是説耳譬之統塔説相輪非真有道

者也有道者言自分明孟子言堯舜性之舜由仁義行是也若乃孔子則又異焉孔子於易中止曰立人之道曰仁與義則雖性字由字已不必道蓋陰陽剛柔仁義其理一也

顥自十五六時聞汝南周茂叔論道遂厭科舉之業慨然有求道之志而未知其要泛濫於諸家出入於釋老者幾十年反求諸六經而後得之明於庶物察於人倫知盡性至命必本於孝弟窮神知化由通乎礼樂辯異端似是之非開百代未明之惑秦漢而下未有臻斯理者也謂孟子沒而聖學不傳以興起斯文為己任其言曰道之不明異端害之也昔之害近而易知今之害深而難辯昔之惑人也乘其迷暗今之入人也因其高明自謂之窮神知化而不足以開物成務言為無不周徧實則外於倫理窮深極微

而不可以入堯舜之道天下之斈非淺陋固滯則必入於此自道之不明邪誕妖異之説競起塗生民之耳目溺天下於汙濁雖高才明智膠於見聞醉生夢死不自覺也是皆正道之蓁蕪聖門之蔽塞闢之而後可以入道其教人自致知至于知止誠意至於平天下洒掃應對至於窮理盡性循循有叙病世之斈者捨近而趨遠處下而窺高所以輕自大而卒無得也其論王霸等篇繫教化之本原者附之于左

論王霸

臣伏謂得天理之正極人倫之至者堯舜之道也用其私心依仁義之偏者霸者之事也王道坦然本乎人情出乎礼義若履大路而行無復回曲霸者崎嶇反側於曲徑之中而卒不可與入堯舜之道故誠心而王則王矣假之而

霸則霸矣二者其道不同在審其初而已易所謂差之毫釐謬以千里者其初不可不審也故治天下者必先立其志正志先立則邪說不能移異端不能惑故力進於道而莫之禦也苟以霸者之心而求王道之成是銜石以為玉也陛下躬堯舜之資處堯舜之位必以堯舜之道自任然後為能充其道漢唐之君有可稱者論其人則非先王之學考其時則皆駁雜之政乃以一曲之見幸致小康其創法立統非可繼於後世者皆不足為也然欲行仁政而不素講其具使其道大明而後行則或出或入終莫有所至也夫事有小大有先後察其小忽其大先其所後後其所先皆不可以適治且志不可慢時不可失惟陛下稽先聖之言察人事之理知堯舜之道備於己反身而誠之推之以及四海擇同心一德之臣與之共成天下之務則天下

幸甚

論正學禮賢

臣伏謂君道之大在乎稽古正學明善惡之歸辯忠邪之分曉然趍道之止固在乎君志先定君志定而天下之治成矣所謂定志者正心誠意擇善而固執之者也夫義理不先盡則多听而易惑志意不先定則守善而或移惟在以聖人之訓為必當從先王之治為必可法不為後世駁雜之政所牽滯不為流俗因循之論所迁惑信道極於篤自知極於明必期致治如三代之隆而后已也然天下之事患常生於忽微而志亦戒乎漸習故古之人君雖出入從容間燕必有誦訓箴諫之臣左右前後無非正人所以成其德業伏原陛下礼命老臣賢儒不必勞以職事俾日親便坐講論道義以輔養聖德又擇天下賢俊使得陪侍

法從朝夕進見開陳善道講譽治体以廣聞聽如此則聖
知益明王猷允塞矣今四海靡靡日入偷薄未俗譊譊無
復廉恥盖亦朝廷尊德樂義之風未孚而篤誠忠厚之教
尚欝也惟陛下稽聖人之訓法先王之治正心誠意体乾
剛健而力行之則天下幸甚

論養賢

臣竊以議當代者皆知得賢則天下治而未知所以致賢
之道也是雖衆論紛然未極其要朝廷亦以行之爲難而
不爲也三代養賢必本於學而德化行焉治道出焉本朝
踵循唐舊而館閣清選止爲文字之職名實未正故招賢
養林以輔時贊化將何從而致之也臣歷觀古先哲王所
以虛已求治何嘗不盡天下之才以成己之德也故曰大
舜有大焉善與人同樂取於人以爲善今天下之大豈爲

之賢而朝廷無養賢之地以容之徐察其器能高下而進退之也臣今欲乞朝廷設延英院以付四方之賢凡公論推薦及巖穴之士必招致優礼視品給俸而不可遽進以官凡有政治則委之詳定凡有典礼則使之討論經畫得以奏陳而治乱得治講究也俾群居切磨日盡其才使政府及近侍之臣互與相接陛下時賜召對訪以治道可觀其才識器能也察之以累歲人品益分然後使賢者就位能者任職或委付郡縣或師表士儒其德業尤異漸進以師臣職司之任為輔弼為公卿無施之不稱也若是則引彙並進野無遺賢陛下尊賢待士之心可無負於天下矣

豫章羅先生文集卷第九

集錄

遵堯錄別錄

周衰孔子没道學不明楊朱墨翟乃以其所學扇天下天下之言不歸楊則歸墨楊墨之道盛行當是時也闢之者孟子一人而已自漢以來至於唐而釋老之徒又以其所學扇天下當是時也闢之者韓愈一人而已釋老之害過於楊墨韓愈之賢不及孟子然愈猶能闢之異代同功至今賴以為功者也昔者孔子道既不行懼人之溺於禽獸也懼夷狄之亂於中國也於是作春秋故春秋一書獨謹嚴本朝熈寧初粤有儒者起自江寍以孔孟之道倡於時以管商之法施於政顛倒舜跖奪其義心混一莊楊（湯）於不法正道荒蕪士一風之变使蔡氏階之以濟其亂則其為害不特釋老與楊墨爾所

以發天下之瞶瞶瑩天下之晦晦者當在陛下比雖詔毀其像未能矌如故臣別錄司馬光陳瓘二人之言以著其罪

司馬光論王安石

仁宗嘉祐中糾察在京刑獄會帝升遐而安石亦丁憂服滿不赴其在江寗平居淡然一無所嗜好唯以講學為事其朋遊有自四方來者神宗即位嘗一令赴闕未幾擢翰林學士遂大用之安石既得君且恃其材棄衆任已變更祖宗法度汲汲然以斂民財為意其所薦引多非其人言路之臣攻之者甚衆而翰林學士司馬光之言尤為至切帝不用光又以書諭安石三往反不聽熙寗七年天下旱蝗詔求直言是時光判西京留司御史於是上言復以六事為言其大略曰臣伏讀詔書喜極以謂昔成湯以六事自責今陛下既已知之群臣夫復何云曾子曰尊其所聞則

高明矣行其所知則光大矣陛下誠知其如是斷然不疑不爲左右所移則安知今日災沴不如大戊之桑穀高宗之鼎雉更爲生民宗社之福乎臣竊觀陛下英睿之性希世少倫即位以來勵精求治恥爲繼體守文之常主權俊傑之才使之執政言無不從計無不用所學者超迁所發者斥退垂衣拱手聽其所爲推心置腹人莫能間雖齊侯之管仲蜀先主之諸葛亮殆無以過也執政者亦悉心竭力以副陛下之所欲恥爲碌碌守法循故事之臣每以周公自任國宜百度交正四民豐樂頌聲旁洽嘉瑞沓至乃其效也六年之間百度紛擾四民失業怨讟之聲所不忍聞災異之大古今罕有其故何哉豈非執政之臣所以輔陛下者未得其道故耶所謂不得其道者在於好人同己惡人異己是也陛下既全以威福之柄授之使之制作新

法以利天下是宜與天下共之舍短取長以求盡善而獨任己意惡人攻難羣臣有與之同者則擢用不次有與之異者則禍辱隨之常人之情誰肯去福而取禍棄榮而就辱由是躁於富貴者翕然附之立得美官其忠直有守者皆擯斥廢棄或罹罪譴一身之無所容至於臺諫之官天子耳目所以規朝政之闕失糾大臣之專恣此陛下所當自擇而使執政擇之彼專用其所親愛之人或小有違忤則加貶逐以懲後來得諂諛之尤者然後使爲之然則執政之愆謬羣臣之姦詐下民之疾苦遠方之寃抑陛下何從得見之乎又奉法訪利害於四方者亦其所親愛之人皆先稟其旨意憑其氣勢以驅迫州縣之吏善惡繫其筆端升沉由其口吻彼州縣之吏迎承奉順之不暇何暇與之講利害立同異哉及其入奏則云州縣之守宰莫不以

其所為為便經久可行陛下但見其文書燦然可觀以為法之至善諮謀僉同豈知其在外之所為哉或者吏曹為條目務求新巧互陳利害各事更張使畫一之法日殊月異久而不已吏民莫知所從蓋由襲舊則無功出奇則有賞故也又令使者督責所在監司監司督責州縣上下相驅競為苛刻奉行新法稍有不盡力則謂之非材不職及沮壞新法立行停替或未熟新法誤有違犯皆不理赦降去官與犯贓罪者同而重於犯私罪者州縣之吏惟奉行文書求免罪累之不暇民事不復留心矣又遣邏卒聽市道之人謗議者執而刑之又出榜立賞募人告捕誹謗朝政者臣不知自古明王之政固如是乎昔堯稽于衆舍己從人舜戒群臣予違汝弼汝無面從退有後言此其所以為帝王稱首也秦惡聞其過失殺直諫之士禁偶語之人

及其禍敗行道之人皆知之矣而己獨不知此其所以為萬世戒也衛侯言計非是而群臣和者如出一口子思曰以吾觀衛所謂君不君臣不臣者也人主自臧則衆謀不進事是而臧之尚却衆謀況和非以長惡乎夫不察事之是非而説人之讚己暗莫甚焉不度理之所在而阿諛以求容諂莫甚焉君暗臣諂以在民上民不與焉若此不已國無類矣子思言於衛侯曰君之國事將日非矣君出言自以為是而卿大夫莫敢矯其非卿大夫自以為是而士庶莫敢矯其非君臣既自賢矣而群下同聲而賢之賢之則順而有福矯之則逆而有禍如是則善安從生今執政立新法而群下同賢之有以異於衛國之政乎是以士大夫憤懣鬱結視屋竊嘆而口不敢言庶人飢寒憔悴怨歎號泣而無所控告此則陛下所謂忠言讜謀鬱於上聞而

阿諛壅蔽其私者也茍忠讜退伏阿諛滿側而望百度之正四民之富頌聲之治嘉瑞之臻固亦難矣今朝廷之缺政其大者有六而已一曰廣散青苗使民負債日重而縣官實無所得二曰免上戶之役斂下戶之錢以養浮浪之人三曰置市易司與細民爭利而實耗散官物四曰中國未治而侵擾四夷得少矣多五曰排結保甲教習凶器以擾農民六曰信狂狡之人妄興水利勞民費財若其他瑣細不足為陛下道也舍其大而言其細舍其急而言其緩外有獻替之迹內懷附會之心是姦邪之尤者臣不敢為也陛下左右前後之臣日譽新法之善者其心亦知其不可但欲希望聖心附會執政以盜竊富貴一旦陛下之意移則彼之所言異矣臣今不敢復費簡札敘六者利害以煩聖聽但陛下勿問阿諛之黨勿徇權臣之意斷志罷之

必有能為陛下言其詳矣此六者之中青苗為害尤大又聞青苗之法災傷及五分則當倚閣官吏不仁者止放四分以下税此尤可罪也臣在冗散之地若朝廷小小得失固不得與聞今坐視百姓困於新法如此竊為朝廷除憂而陛下曾不知之今年以來臣衰病日增萬一溘先朝露有所不盡長抱恨於黃泉用是冒死為陛下言之陛下猶忽而不之信此則天也臣不敢復言之矣

臣從彥釋曰異哉安石之為人也觀其平時抗志羲黃之上其學聖人必造孔氏淵源其經術文章下視雄愈及其立朝也登對從容每告其君必以堯舜為法而自任以夔龍神宗眷遇特厚遂大用之言無以聽計無不從一時之閒可謂明良相際矣然考其所存則自私論其所為則自專必求其實效則捕風摶影之為原安石

之心其初實以儒者為之而其效一不應其功烈曾不
足以比管仲是何也易曰差之毫釐謬以千里古人有
之安石無乃失之於此故耶非臣愚所及知也唯興舍
法以經義易詞章訓釋三經挽天下學者從之以為先
王一道德同風俗之意果在於此鼓之以名導之以利
當是時也安石方名重自謂一世宗師天下之人誰不
願從故唱者雷震應者風靡遺風餘澤淪入肌骨不可
去民無有被其澤者至今野叟能言其非而誦其說於
都人邑士之前不笑以為狂則必怒也蓋其所以入之
者非朝夕也此不足怪大抵安石類伯鯀才辯過人初
自江寧來天下傾想既以才名擅天下而又得君遂謂
海內無人棄衆任己執政未踰年御史中丞吕誨奏疏
極詆其非然傷於太刻有不當於人心者今掇其衆所

共知顯顯者數事著之于篇庶幾以悟宸衷且使天下後世有所攷證云誨之言曰安石自居政府事無大小必與同列異議或因奏對留身進說多乞御批自中而下以塞同列是則歸善於己非則斂怨於君此衆人之所同知也宰相以道佐人主者也於事無所與旬日差除安石皆自親之凡近臣之不附己者皆逐之使外補乃以為出自聖意矯誣不恭作威害政此亦衆人之所同知也安石嘗奏對黼座之前不攷情實唯事誣辯此與唐介論謀殺刑名以至諠譁介忠勁之人務守大體不能以口舌勝之不勝憤懑發疽而死自是同列罔不忌憚雖丞相亦退避不敢與校此亦衆人之所同知也安石初入翰林未聞進士之賢者有弟安國人望未孚乃吏同列共薦之朝廷以狀元恩例處之猶謂之薄文

卷不優而主試之人遂罹中傷及居政府曾不半年竊弄威福無所不至自鬻希進者奔走其門怙勢招權浸成黨與此亦衆人之所同知也上方稽唐堯睦親之意友愛其弟以風天下爲大臣者當務將順反納小人章辟先建言以惑聰明意在離間遂成其事此亦衆人所同知也其終結之曰臣指陳猥瑣未免干犯誠恐陛下說其才辯日久歲深情僞不得知邪正無復辯群陰彙進小人衆多則賢者必遯禍亂必至矣又曰臣推安石之迹固無遠略惟以立異於人誤天下蒼生者必此人也若安石久居廟堂必無安靜之理其大如略此已而果然是以天下旱蝗詔求直言而司馬光所陳略盡之矣方安石未用之時天下顒然謂必可致太平於是時也知其不可用者三人而已韓琦吳長文與誨是已而

司馬光不與焉此三人者以經術文章較之皆出安石之下遠甚以政事言之則此三人者決不為安石所為然則安石之經術文章秖以為不祥之具而已故相繼論劾者多矣唯誨與光獨任其責焉彼二人之言其理昭然不可不謂至也然帝不能用卒使禍亂成於蔡京之手庸非天乎

陳瓘論蔡京

哲宗時京與其弟卞俱在朝廷是時章子厚執政威福自己出京卞二人實贊道之姦德相濟太上皇即位擢京為翰林承旨京陰結權貴專務不德帝將有大用之意中外詾詾右司諫陳瓘力言之章十上其尤切至者曰臣聞盡言招禍古人所戒言路之臣豈能免此臣伏見翰林學士承旨蔡京當紹聖之初弟兄在朝贊道章子厚共作威福卞

則陰為謀畫子厚則果斷力行且謀且行者京也哲宗篤於繼述一於委任事無大小信子厚不疑卞於此時假繼述之說以美私史子厚於此時因委任之篤自明己功京則盛推安石之聖過於神考又推定策之功毀滅宣仁以取合二人子厚之矜伐京為有助卞之乖悖京實贊之當此之時言官常安民屢攻其罪京與子厚卞共怒安民協力排陷斥為姦黨而孫諤董敦逸陳次升因論京相繼黜逐哲宗晚得鄒浩不由進擬置之言路浩能忘身徇節上副聖知京又因其得罪而擠毀之七年之間五害言者掩朝廷之耳目成私門之利勢言路既絕人皆鉗默凡所施行得以自恣遂使當時之所行皆為今日之所蔽臣請略指四事皆天下之所以議京者也蔡卞之薄神考陛下既知其惡矣伯仲相符塤篪如一事無異議罪豈殊科一黜

一留人所未諭此天下之所以議京者一也邢恕之累宣
仁陛下既察其罪矣於是司馬光劉摯梁燾等皆蒙叙復
京嘗奏疏請誅摯等家族審如京言則所以累宣仁者豈
特邢恕一人而已哉在恕則逐之在京則留之何以塞邢
恕不平之口而慰宣仁在天之靈乎此天下之所以議京
者二也章子厚自明定策之功追貶王珪京亦自謂元豐
未被命帶開封劊子携劒入内欲斬王珪京之門人皆謂
京於此時禁制宣仁京亦有社稷之功今陛下雪珪之罪
還其舊官則是以珪之貶於子厚爲非也在子厚則非之
在京則留之如是則子厚有辭矣珪有憾矣此天下之所
以識京者三也子厚之初篤信京言傾心降意隨此二人
假繼述之説以行其私三人議論如出一日自紹聖三年
九月下爲執政於是京始大怒而與子厚絶矣自今觀之

京之所以與子厚絶者為國事乎為己事乎此天下之所
以議京者四也陛下即位之初以用賢去邪為先而京之
蒙蔽欺罔曾無忌憚陛下必欲留京於朝者其故何哉臣
知陛下之意本無適莫而京之所以據位希進牢不可拔
者則以韓忠彦曾布不能為國遠慮輕率自用激成其勢
故也京亦同惡天下所共知若用天下之言以合公議則
顯正二人之罪不難也忠彦等不務出此託之師謀而出
之太原雖加以兩制學士之職而實以詭計除之想當進
擬之時必有不情之奏用奇設策不由誠心二聖安得而
無疑公議亦以為未允及京之留布復爭辯再三之瀆無
以取信相激之勢因此而成陛下進賢退邪法則堯舜然
天下之心皆疑陛下有大用京之意者以京之復留故也
京之所以復留者以忠彦等去之不以其道故也去之不

以其道則留之者生於相激萬一京果大用則天下治亂自此分矣崔羣謂唐之治亂在李林甫張九齡進退之時今京欺蔑先帝與京無異而又歸過於先烈賣禍於子孫卞曲為自安之計而陛下果留之矣今既可以復留則後不可以大用天下治亂之勢繫於一京崔羣之言可不念哉臣恐後之視今亦猶今之視昔禍亂之機亦不可以不早辨也陛下嗣位之初首開言路可謂知所先後矣臣愚首預茲選明知京在朝必為大患而不能以時建言萬一有意外不虞之變陛下惕然悔悟誅責當時言事之臣則臣雖碎首陷胸何補於事此臣之所以憤懣而不敢默也臣嘗為卞所薦與京無纖介之隙所以言之者為國事爾非特為國事也亦為蔡氏也且京卞用事以來籠絡薦引天下之士處要路得美官者不下數百千人其間材智薦

之士可用之人誠爲不少彼皆明知京下負國欲洗心
自新捨去私門顧朝廷未有以招之耳臣謂京在朝廷則
此數百千人皆指爲蔡氏之黨若去朝廷則此數百千人
皆反爲朝廷之用所以消去朋黨廣收人才正在陛下果
於去京而已此亦已用之術在昔熙寧之末王安石呂惠
卿紛爭以後天下之士分爲兩黨神考患之於是自安石
既退惠卿既出後不復用此兩人而兩門之士亦兼取而
並用之也當時天下之士有王黨呂黨而朋黨之禍終不
反於朝廷者以此然則消去朋黨之術唯在去京而已今
京關通交結其勢益牢廣布腹心共成私計羽翼成就可
以高飛憑藉朝廷有同兒戲陛下若不早悟漸成孤立後
雖悔之亦無及矣自古爲人臣者官無高下干犯人主未
必得禍一觸權臣破碎必矣或以爲離間君臣或以爲賣

直歸怨或託以他事陰中傷之或於已黜之後責其怨望此古人之所以不免也臣豈收自愛其身若使臣自愛其身則陛下不得聞京之罪矣國家内外無事一百四十一年矣古所無有甚可畏也譬如年老之人康强無疾日服温暖猶恐氣衰至於保養陰和必成腹心之疾伏望陛下謹保祖宗之業獨持威福之柄斷自宸衷果於去惡則天下幸甚取進止帝以糴之所論不根罷右司諫添差監揚州粮料院尋改差知無為軍糴復上章條其事件曰臣上件所言在既責揚州粮料院以前陛下若以臣言為是則當如臣所請按京之罪明正典刑然後改臣差遣以示聽納若以臣言為非則當重加貶竄乃得允當今京桀驁自肆無所畏憚而臣章屢上並未蒙降出則是陛下不以臣言為信不信其言而輕於改命傳之天下人必駭惑其為

聖政之累無大於此且京久在朝廷專以輕君罔上爲能以植黨任數爲術挾繼述之說爲自便之計稍違其意則以不忠不孝之名加之脅持上下決欲取勝而後已主威不行士論憂恐京若不去必爲腹心之患宗社安危未可知也臣之一身遷貶榮辱何足道哉所有差知無爲軍勅命臣不敢祗受迤邐乘船前去揚州聽候指揮

臣從彥釋曰揚子稱樗里子之智也曰使知國如知葬則吾以疾爲蓍龜以甚言知國之難也陳瓘之論蔡京其吉凶禍福莫不兆見可爲國之蓍龜者矣然京終大用鞠爲禍胎瓘言不售終斥逐流落以死於外王黼繼之遂召金人犯闕之變豈不甚可憫哉

台衡録

按遺藁先生所著有台衡録今不存

豫章羅先生文集卷第九

豫章羅先生文集卷第十

集録

二程先生語録

凡看書各有門庭詩易春秋不可逐句看尚書論語可以逐句看

赤舄几几只是形容周公一箇氣象乃孟子所謂睟面盎背皆四體不言而喻之意雍雍在宫肅肅在廟亦只是形容文王氣象大抵古人形容聖人多此類如倬彼雲漢爲章于天亦是形容聖人也

不識不知言文王化其民日用不知皆由天理也

與子游聞之當作於子游聞之若兩人同聞安得一箇知一箇不知

利字不聯牝馬爲義如云利牝馬之貞則坤便只有三德

陰必從陽然後乃終有慶也

黃中色裳宜在下則元吉

他卦皆有悔凶咎惟謙未嘗有他卦有待而亨惟謙則便亨

謙君子所以自終故不言吉衰取其多而增益其寡天理也

六二鳴謙處中得正而有德者故鳴謙者乃中心得也上

六鳴謙乃有求者也有求之小止於征國邑而已故曰志

未得也

蹇以反身修德故往者在外也在外必蹇來者在內也在內

則有譽無尤來連朋來碩皆反身修德之謂也蹇蹇不其

恭進內顧之象也暴進出外則無事矣連音平過則無窮

也朋來則象來言朋來未免於有思也至於來碩則來處

於大人之事也夫曰從貴

便是易下蠱有闕謂之變

堯之親九族以明俊德之人為先蓋有天下國家者以知人為難以親賢為急

善學者要不為文字所梏故文義雖解錯而道理可通行者不害也

論語曾子有弟子論譔所以知者唯曾子有子不名伊川

學而時習之鷹乃學習之義子路有聞未之能行惟恐有聞說在心樂主發散在外伊川

孝弟本其所以生乃為仁之本孝弟有不中理或至犯上然亦鮮矣孟子曰孰不為事事親事之本也孰不為守守身守之本也不失其親身而事親乃誠孝也推此亦可以知為仁之本

敬事而信以下事論其所存未及治具故不及禮樂刑政伊川

行有餘力者當先立其本也有本而後學文然有本則文自

至矣 明道

致身猶言致力乃委質也 明道

人安重則學堅固 伊川

禮之用和為貴有不可行者偏也 伊川

貧而能樂富而能好禮隨貧富所治當如此子貢引切磋琢磨蓋治之之謂也若貧而言好禮則至於卑富而言樂則至於驕然貧而樂非好禮不能富而好禮非樂不能 明道

為政以德然後無為 伊川

回於孔子之道無所不說故如愚退而省其所自得亦足以開發矣故曰不愚。。。。。。。

視其所以所為也觀其所由所從也察其所安所處也察其所處則見其心之所存在已者能知言窮理則能以此察人如聖人也 明道

君子不器無所不施也若一才一藝則器也伊川
子貢問君子孔子告以先行其言而後從之而可以為君子
因子貢多言而發也伊川
先行其言而後從之謂觀人者彼能先行其言吾然後信之
伊川
周謂周旋不比謂不相私比也伊川
學而不思則無得故罔思而不學則不進故殆博學之審問
之愼思之明辨之篤行之五者廢其一非學也伊川
尤罪自外至也悔理自內出也修天爵則人爵至祿在其中
也子張學干祿故告之以此使定其心而不為利祿動若
顏淵則不然矣君子謀道不謀食學也祿在其中矣然學
不必得祿猶耕之不必得食亦有餒在其中矣君子知其
如此故憂道不憂貧此所以告干祿也伊川

奢自文生文過則為奢不足則為儉文者稱寔而為節文對寔已為兩物奢又文之過則去本遠矣儉乃文不足此所以為禮之本　伊川

仁者如射射而不中不怨勝己者反求諸己而已豈有爭也故曰其爭也君子　伊川

下而飲非謂下堂而飲離去射位而飲也若下堂而飲則辱之甚無此　伊川

素喻質繪喻禮凡繪先施素地而加采如有美質而更文之以禮　伊川

灌以降神禘之始也既灌而往者自始以至終皆無足觀言魯祭之非禮也不知者蓋為魯諱如自此事而正之其於天下如指掌之易　伊川

為力猶言為功射有五善而功不一故曰不同科所謂五善

者觀德行別邪正辨威儀云云 伊川

事君盡禮在他人言之必曰小人以為諂也聖人道洪故止曰人以為諂也 伊川

樂得淑女以配君子不淫其色是樂而不淫哀窈窕思賢才求之不得展轉反側是哀而不傷 明道

成事不說至既往不咎者大槩相似重言之所以深責之也如今人嗟惜一事未嘗不再三言之也 伊川

成湯放桀惟有慙德武王亦然故未盡善堯舜湯武其揆一也征伐非其所欲所遇之時然耳 伊川

里居也擇仁而處之為美 明道

知者利仁知者以仁為利而行之至若欲有名而為之之類是皆以為利也

知者知仁為美擇而行之是利仁也必有其仁故曰利 伊川

君子懷德惟善之所在小人懷土惟事之所在君子懷刑惟法之所在小人懷惠惟利之所在　伊川

子貢問賜也何如賜自矜其長而孔子以瑚璉之器荅者但瑚璉可施禮容於宗廟如子貢之才可使於四方可使與賓客言而已　伊川

未能自信不可以治人孔子所以說漆雕開之對　明道

子貢常方人故孔子荅以不暇而又問與回也孰愈所以抑其方人也

聞一知十聞一知二舉多少而言也曰吾與汝弗如也使子貢喻其言知其在勉不喻則亦可使慕之皆有教也矣

不欲人之加諸我者施諸己而不願者也無加諸人者己所不欲勿施於人者也此無伐善無施勞者能之故非子貢所及　伊川

夫子言性與天道不可得而聞唯子貢親達其理故能爲是歎美之辭言衆人不得聞也伊川

蔡與采同大夫有采地而爲山節藻梲之事不知也山節藻梲諸侯之事也伊川

三月不違仁言其久也然非成德之事

祝鮀之佞所謂巧言宋朝之美所謂令色當衰世非此難免伊川

上知高遠之事非中人以下所可告蓋踰涯分也伊川

民之所宜者務之所欲與之聚之所惡勿施爾也人之所以近鬼神而褻之者蓋惑也故有非鬼而祭之淫祀以求福知者則敬而遠之明道

知如水之流仁如山之安動靜仁智之體也動則自樂靜則自壽非體仁智之深者不能如此形容之明道

觚之為器不得其法制則非觚也舉一器而天下之物莫不皆然天下之事亦由是也 伊川

宰我言如井中有人仁者當下而從之否子曰君子可使之往不可陷以非其所履可欺以其方難罔以非其道 明道

博學於文而不約之以禮必至於汗漫所謂約之以禮者能守禮而由於規矩者也未及知之也止可以不畔道而已多聞擇其善者而從之多見而識之知之次也與此相近顏淵曰博我以文約我以禮欲罷不能是已知之而進不止者也 明道

中庸之德不可須臾離民鮮有久行其道者也 伊川

聖則無大小至於仁兼上下大小而言之博施濟衆亦仁也愛人亦仁也堯舜其猶病諸者猶難之也博則廣而無極衆則多而無窮聖人必欲使天下無一人之惡無一物不

得其所然亦不能故曰病諸修己以安百姓亦猶是也
人於文采皆不曰吾猶人也皆曰勝於人爾至於躬行君子
則吾未見其人也 伊川

泰伯知王季之賢必能開基成王業故為天下而三讓之言
其公也 明道

泰伯三以天下讓者立文王則道被天下故泰伯以天下之
故而讓之也不必革命使紂賢文王為三公矣 伊川

凡人有所計較者皆私意也孟子曰唯仁者為能以大事小
仁者欲人之善而矜人之惡不計較小大强弱而事之故
能保天下犯而不校亦樂天順理者也 伊川

人而不仁君子當教養之不盡教養而惟疾之甚必至於亂
明道

為學三年而不至於善是不善學也 明道

亂治也師摯始治關雎之樂其聲洋洋乎盈耳哉美之也明道

洋洋盈耳美也孔子反魯樂正雅頌各得其所其後自太師而下入河蹈海由樂正魯不用而放棄之也伊川

禹吾無間然矣言德純完無可非間明道

子罕言利非使人去利而就害也蓋人不當以利為心易曰利者義之和以義而致利斯可矣罕言仁者以其道大故也論語一部言仁豈少哉蓋仁者大事門人一一紀錄盡平生所言如此亦不為多也伊川

吾有知乎哉無知也者盡以告人他無知也與吾無隱乎爾同伊川

叩就也兩端猶曰兩頭謂終始告鄙夫也伊川

鳳鳥不至河不出圖吾已矣夫者嗜欲將至有開必先也伊川

可與共學所以求之也可與適道知其所往也可與立者篤

志固執而不變也權與權衡之權同稱物而知其輕重者也人無權衡則不能知輕重聖人則不以權衡而知輕重矣聖人則是權衡也 伊川

寢食不當言語時必齊如也臨祭祭則敬也 明道

色斯舉矣不至悔吝翔而後集審擇其處 明道

山梁雌雉得其時遂其性而人逢亂世反不得其所子路不達故共具之孔子俾子路復審言詳意故三嗅而起庶子路知之也 伊川

先進猶言前輩也後進猶言後輩也先進之於禮樂有其誠意而質也故曰野人後進之於禮樂習其容止而文者也故曰君子孔子患時之交弊而欲救之以質故曰如用之則吾從先進取其誠意之多也 明道

先進於禮樂野人也謂其質朴後進於禮樂君子也謂其得

宜周末文弊當時之人自謂得宜而以古人為質朴故孔子欲從古人古人非質朴也 伊川

從我於陳蔡者皆不及門言此時皆無及孔子之門者思其人故數顔子以下十人有德行者政事者言語者文學者皆從於陳蔡者也 明道

四科乃從夫子于陳蔡者爾門人之賢者固不止此曾子傳道而不與焉故知十哲世俗之論也 明道

閔子之於父母昆弟盡其道而處之故人無非閒之言 伊川

過猶不及道如琴張曾晳之任皆過也然而行不掩焉是無實也 明道

才高者過過則一出一入卑者不及則怠惰廢弛 明道

師商過不及其弊為楊墨楊出於義墨出於仁仁義雖天下之美然如此者人之毫釐謬以千里 伊川

曾子少孔子始也曾觀其後明道豈魯也哉 明道

善人非豪傑特立之士不能自達者也苟不履聖賢之迹則亦不入其奧故為邦必至於百年乃可以勝殘去殺也孟子以樂正子為善人信人有諸己之謂信能充實之可以至於聖賢然其始必循轍迹而後能入也論篤言之篤厚者也取於人者惟言之篤厚者是與君子者乎色莊者乎未可知也不可以論篤遂與之必觀其行事乃可也 明道

日克己復禮天下歸仁者言一旦能克己復禮則天下稱其仁非一日之間也 伊川

子路之言信故片言可以折獄 伊川

宿謂預也非一宿之宿也 伊川

子張少仁無誠心愛民則必倦而不盡心者也故孔子因問而告之 伊川

先之勞之者昔周公師保万民易曰以左右民師保左右先
之也勞勉也又勞勉之 伊川

子路問政孔子旣告之矣及請益則曰無倦而已未嘗復有
所告姑使深思之也 明道

凡有物有形則有名有名則有理如以大為小以高為下則
言不順至於民無所措手足也 伊川

如有用我者朞月而已可也三年有成如何曰昔在經筵時
嘗說因言陛下若以朞月之事問臣臣便以朞月之事對
若以三年之事問臣臣便以三年之事對朞月而已者整
頓大綱也若夫有成則在三年也然朞月三年之說今世
又不同須從頭整理可也漢公孫弘言三年而化臣切遲
之李石對唐文宗以謂陛下責治太急皆率爾之言本不
知朞月三年之事 伊川

三十年為一世三十壯有室也必世而后仁化浹也伊川

冉子謂季氏之所行為政孔子抑之曰其事也言季氏之家事而已謂之政者僭也如國有政吾雖不用猶當與聞之也伊川

言不必信行不必果唯義所在大人之事言必信行必果硜硜然小人之事小人對大人為小非為惡之小人也故亦可以為士明道

剛者堅之体發而有勇曰毅木者質朴訥者遲鈍此四者比之巧言令色則近於仁亡亦猶不得中行而與狂狷也伊川

切切如体之相磨偲偲則以意此言告子路故曰切切偲偲怡怡如也明道

善人教民七年亦可以即戎聖人度其時可矣如小國五年大國七年云伊川

原憲孔子高弟問有所未盡蓋克伐怨欲四者無然后可以為仁有而不行未至於無故止告之以為難 伊川

邦有道穀邦無道穀恥也此汎本也直哉史魚不君君子哉遽伯玉然則危言危行危行言遜乃孔子事也危猶獨也與衆異不安之謂邦無道行雖危而言不可不遜也 明道

直哉史魚不若君子哉遽伯玉卷而懷之乃危行言遜也危行者嚴厲其行而不苟言則當遜 伊川

晉文公譎而不正齊桓公正而不譎此為作春秋而言也晉文公實有勤王之心而不知召王之為不順故譎掩其正齊桓公伐楚責包茅雖其心未必尊王而其事則正故正掩其譎孔子言之以為戒正者正行其事耳非大正也亦猶管仲之仁止以事功而言也 伊川

殺公子糾管仲不死而從之殺兄之人固可從乎曰桓

公子糾襄公之二弟也桓公兄而子糾弟也襄公死則桓公當立此以春秋知之也春秋書桓公則曰齊小白言當有齊國也於子糾則止曰糾不言齊以不當有齊也不言子非君嗣子也公穀并注四處皆書納糾左傳獨言子糾誤也然書齊人取子糾殺之者齊大夫嘗與魯盟于蔇蔇欲納糾以為君又殺之故書子是二罪也管仲始事糾不正也終從于正義也召忽不負所事亦義也如王珪魏徵不死建成之難而從太宗可謂害於義矣 伊川

君子固窮者固守其窮也 伊川

知及之仁不能守之此言中人以下也若夫真知未有不能行者 伊川

民於為仁甚於畏水火水火猶有蹈而死者言民之不為仁也 伊川

為仁在己無所與與讓也　明道

諒與信異自大体是信亮必為也　明道

諒固執也與亮同古字通用孟子曰君子不亮惡乎執　伊川

性相近對習相遠而言相近猶相似也上智下愚才也性則皆善自暴自棄然后不可移不然則可移　伊川

吾其為東周乎若用孔子必行王道東周衰亂所不肯為也亦非革命之謂也　明道

恭則不侮蓋一恭則仁道盡矣又寬以得衆信為人所任敏而有功惠以使人行五者於天下其仁可知矣　明道

佛肸召子必不徒然其往義也然終不往者度其不足與有為也

六言六蔽正與恭而無禮則勞寬而柔剛而無虐之義蓋好仁而不好學乃所以愚非能仁而愚徒好而不知學乃愚

明道

二南人倫之本王化之基苟不為之則無所自入古之學者必興於詩不學詩无以言故猶正墻面而立 明道

孟子曰教亦多術矣予不屑之教誨也是亦教誨之而已矣孔子不見孺悲所以深教之也 明道

君子不施其親施與也言其不私其親暱也 伊川

與人交際之道則子張為廣聖人亦未嘗拒人也 明道

日知其所亡月無忘其所能此可以為人師法矣非謂此可以為人師道

學不傳則不能守約志不篤則不能力行切問近思在己者則在仁其中矣 明道

望之儼然秉天陽高明氣象即之也温中心和易而接物也温備人道也听其言也厉則如東西南北正定地道也蓋

非禮勿言也君子之道三才備矣明道
大德不踰閑指君臣父子之大義小德如援溺之事更推廣之伊川
學既優則可以仕仕既優則可以學優裕優閑一也伊川
子張既除喪而見予之琴和之而和彈之而成聲作而曰先王制禮不可不至焉推此言之子張過於薄故難與並為仁矣明道
子貢言性與天道以夫子聰明而言綏之斯來動之斯和以夫子德性而言伊川
因民之所利而利之若耕稼陶漁皆因其順利而道之明道
知言之善惡是非乃可以知人孟子所謂知言是也必有諸己然後知言知之則能格物而窮理伊川
今之城郭不為保民明道

君子道宏故可大受而不可小小知測此孟子所以四十不動心小人反是 明道

有若等自能知夫子之道假使汚下必不為阿好而言謂其論可信也 伊川

惻惻然隱如物之隱應也此仁之端緒赤子入井其顙有泚推之可見 伊川

墨子愛其兄之子猶鄰之子墨子書中未嘗有如此等言但孟子拔李塞源知其流必至於是故直之也 伊川

廣居正位大道一也不處小節即是廣居

事親若曾子而曰可者非謂曾子未盡善也人子事親豈有大過曾子孟子之心皆可見矣 明道

君仁莫不仁君義莫不義天下之治亂繫乎人君仁不仁耳離是而非則生於其心必害於其政豈待乎作之於外哉

若者孟子三見齊王而不言事門人疑之孟子曰我先政其邪心心既正然後天下之事可從而理也夫政事之失用人之非知者能更之直者能諫之然非心存焉則一事之失救而正之後之失者將不勝救矣格其非心使無不正非大人其孰能之 伊川

君子小人澤及五世者善惡皆及後世也 伊川

可以仕則仕可以止則止可以久則久可以速則速皆時也未嘗不合中故曰君子而時中 伊川

命皆一也莫之致而至者正命也桎梏而死者君子不謂命 伊川

恕者入仁之門 伊川

仁理也人物也以仁合在人身言之乃是人之道也 伊川

充實而有光輝所謂修身見於世也 伊川

帶蓋指其近處下猶　離也古人於一帶必皆有意義不下帶有道存猶云只此便有至理存焉此一段伊川語得之馬時仲

經德不回乃教上等人禍福之說使中人以下知所畏懼修省亦自然之理耳若釋氏怖死以學道則立心不正矣明道

按龜山先生答胡康侯書云伊川先生語錄在念未之嘗忘也但以兵火散失收拾未悉舊日惟羅仲素編集備甚今仲素已死於道途行李亦遭賊火已托人於其家尋之若得五六便下手矣又書云伊川先生語錄昔嘗集諸門人所問以類相從編錄成帙今皆失之羅仲素舊有一本今仲素已死託其壻尋之未到沙陽志亦云先生所輯有程先生語錄不存今所錄一百四十九條見程氏外書晦菴先生所序次也

題曰羅氏本拾遺蓋已見於諸篇者不復錄元本固不止此也今元本不可見姑從外書錄之如右云

龜山先生語錄

按沙陽志先生所輯有楊文靖公語錄一卷今考之龜山語錄凡四卷未知所錄何卷行實云第三卷先生所錄然卷中所明每稱仲素疑書於他人之筆或者但見此卷中記先生所問爲多遂以爲先生所錄耳又第四卷毗陵所聞注云辛卯七月自沙縣來至十月去蕭山所聞注云壬辰五月又自沙縣來至八月去或疑此卷先生所錄然先生受學龜山在政和二年壬辰則辛卯所錄亦非先生筆意者陳默堂所錄亦自可知今既不知所錄 以俟知者

豫章羅先生文集卷第十

豫章羅先生文集卷第十一

雜著

議論要語

人主讀經則師其意讀史則師其迹然讀經以尚書為先讀史以唐書為首蓋尚書論人主善惡為多唐書論朝廷変故最盛

朝廷立法不可不嚴有司行法不可不恕不嚴則不足以禁天下之惡不恕則不足以通天下之情洪之張什之唐之徐有功以恕求情者也常衮一切用法四方奏漢清莫有獲者彼庸人哉天下后世哭獄之官當以有功為法以衮為戒

人主欲明而不察仁而不儒蓋察常累明而懦反害仁故也漢昭帝明而不察章帝仁而不懦孝宣明矣而失之察孝

元仁矣而失之懦若唐德宗則察而不明高宗則懦而不仁兼二者之長其惟漢文乎
祖宗法度不可廢德澤不可恃察法度則變亂之事起恃德澤則驕佚之心生自古德澤最厚莫若堯舜向使子孫可恃則堯舜必傳其子至於法度則莫周家之最明向使子孫世守則歷年至今猶存可也
仁義者人主之術也一於仁天下愛之而不知畏一於義天下畏之而不知愛三代之主仁義兼降所以享國至於長久自漢以來或得其偏如漢文帝過於仁宣帝過於義天仁可過也義不可過也
名器之貴賤以其人何則授於君子則貴授於小人則賤名器之所貴則君子勇於行道而小人甘於下僚名器之所賤則小人勇於浮競而君子恥於求進以此觀之人主之

名器可輕授人哉

周厲王監謗秦始皇偶語者棄市徒能禁於一時豈能禁之於萬世觀厉王之惡至秦之世而不可禁始皇之惡至僕之世而不可禁非惟不能禁於后世而又必有明白其是非者矣君所以專務修德而樂聞善言當時之臣故亦樂告以善道而成一代之治安彼二主不達此規規然徒禁一時之論難行事不善使人不敢議其非或致亡於一朝而取譏評於萬世不亦誤哉然想當時未必其身親為不善也必有奸佞之臣濟之此可以為世戒

可愛非君可畏非民后世荒淫之君所為不善故君不知民可畏而知民可虐民不知君可愛而知君可怨是君民為仇也安得無顛覆之禍

仁義禮智所以為立身之本而闕一不可故孟子以惻隱之

心為仁之端而無惻隱之心則非人以羞惡之心為義之端而無羞惡之心則非人以辭讓之心為禮之端而無辭讓之心則非人以是非之心為智之端而無是非之心則非人李林甫為宰相在廷之臣皆非人也掊克生靈無惻隱之心阿附宦官無羞惡之心勢利相傾无辭讓之心上下雷同無是非之心夫一端之亡亦非人矣況四端俱亡安得謂之人宜乎有天寶之亂也

君明君子之福臣忠臣之福君明臣忠則朝廷治安得不謂之福乎父慈父之福子孝子之福父慈子孝則家道隆盛得不謂之福乎俗人以富貴為福陋哉

老子曰禍兮福所倚福兮禍所伏指國家而言故晉武平吴何曾知其將亂隋文平陳房喬知其不久禍福倚伏者其在茲乎

唐德宗之惡過於紂孟子曰賊仁者謂之賊賊義者謂之殘殘賊之人謂之匹夫何則仁義所以治天下之本而紂皆殘賊之遂失天下觀德宗之惡詎止於賊仁義哉社稷不亡幸矣

姦邪之人亂國政李林甫是也庸鄙之士弱國勢張禹是也

荀子曰權出於一者强謂權出於一則主勢不分而君道尊矣後世宰相侵君之權而不令終者多賢如李文饒尚不能免此况李林甫之徒哉為人臣者視此以為戒

秦暴如火天下怨之怨而不離者扶蘇在焉及扶蘇死二世立而秦亡賢主之於國家為何如

王者富民伯者富國富民三代之世是也富國齊晉是也至漢文帝行王者之道欲富民而告戒不嚴民反至於奢武帝行伯者之道欲富國而費用無節國乃至於耗

教化者朝廷之先務廉恥者士人之美節風俗者天下之大事朝廷有教化則士人有廉恥士人有廉恥則天下有風俗或朝廷不務教化而責士人之廉恥士人不尚廉恥而望風俗之美其可得乎

君子在朝則天下必治蓋君子進則常有亂世之言使人主多憂而善心生故天下所以必治小人在朝天下必乱蓋小人進則常有治世之言使人主多樂而怠心生故天下所以必亂

正者天下之所同好邪者天下之所同惡而聖賢未嘗致憂於其間蓋邪正已明故也至於邪正未明則聖賢憂之觀少正卯言偽而辯行偽而堅孔子則誅之楊墨一則為我一則兼愛孟子則闢之皆邪正未明而惑人者衆此孔孟之所汲汲

繼志述事禮記獨指武王周公不可執此而行使宣王繼厉
王志述厉王事可乎
石守道採摭唐史中女后姦臣宦官事各以其類作三卷目
之曰唐鑑而言曰巍巍巨唐女后亂之於前姦臣懷之於
中宦官覆之於後考其所論可爲萬世鑑借乎不推其本
而言之故人王欲懲三者之患其本不過有二以内則清
心以外則知人能清心則女后不能乱之能知人則姦臣
不能壞之宦官不能覆之請借明皇一君而論開元能清
心矣能知人矣武后惠妃蕭嵩楊思勉豈能易其志及天
寶之際不能清心矣不能知人矣而楊貴妃李林甫高力
士遂亂其心清心知人其人主致治之本歟
天下之變不起於四方而起於朝廷譬如人之傷氣則寒暑
易侵木之傷心則風雨易折故内有李林甫之姦則外有

祿山之亂內有盧杞之邪則外有朱泚之叛易曰負且乘致寇至不虛言哉

三代法度秦盡變之然獨不去肉刑以此用心安得不遽滅

漢宣帝詰責杜延年治郡不進乃善識治体者夫治郡不進非人臣之大罪而宣帝必欲詰責之何耶蓋中興之際內之朝廷外之郡縣法度未備政事未修民人未安堵或治郡不進則百職廢矣烏可不責之夫一郡尚爾況天下乎予謂漢唐帝識治勢

漢武帝知及黯之賢而不用唐太宗知宇文士及之佞而不去何其誤耶夫人主知賢而不能用未若不知之為善知佞而不能去未若不知之為愈苟知責而不能用則善無所勸知佞而不能去則惡無所懲雖然武帝知賢而不用猶愈於元帝知蕭望之之賢而反罪焉太宗知佞而不去

猶愈於德宗知盧杞之奸而復用焉觀元帝德宗之與武帝太宗豈不相寥絶哉

三代之治在道而不在法三代之法貴實而不貴名後世反之此享國與治安所以不同

士之立朝要以正直忠厚爲本正直則朝廷無過失忠厚則天下無嗟怨二者不可偏也一於正直而不忠厚則漸入於刻一於忠厚而不正直則流入於懦汲黯正直所以闢公孫弘之阿諛忠厚所以闢張湯之殘刻武帝享國五十五年其臣之賢獨此一人而已武帝反不用其爲君可知

立朝之士當愛君如愛父愛國如愛家愛民如愛子然三者未嘗不相賴也凡人愛君則必愛國愛國則必愛民未有以君爲心而不以民爲心者故范希文謂居廟堂之上則愛其民處江湖之遠則愛其君諒哉

士之立身要以名節忠義為本有名節則不枉道以求進有忠義則不固寵以欺君矣

朝廷大姦不可容朋友小過不可不容若容大姦必亂天下不容小過則無全人

孔子曰道之以政齊之以刑民免而無恥以君言之則宣帝明帝以臣言之則趙廣漢文張敞得之又曰道之以德齊之以禮有恥且格以君言之則文帝景帝以臣言之則龔遂黃霸得之君臣優劣於此可見

聖人無欲君子寡欲衆人多欲

路溫舒之見高矣宣帝初立政之寬猛中外未嘗見之而路溫舒首以尚德緩刑為戒援引古今至於千言其後蓋寬饒楊惲以無罪見戮果符溫舒之言嗚呼人臣見幾而能諫人主聞善而能從然後君臣兩盡其道溫舒見而能諫

矣宣帝聞善不能從惜哉

昔季氏伐顓臾孔子曰吾恐季孫之憂不在顓臾而在蕭墻之內也其後陽貨果囚季桓子聖人之言可不為萬世法哉自三代而下人主不師孔子之言不戒季氏之事而被蕭墻之害者多矣

成湯處心過於武王成湯放桀于南巢惟有慙德曰予恐來世以台為口實武王以受罪浮于桀曰今朕必往則豈復有慙德哉又湯誓湯誥數桀之惡淺而泰誓數紂之惡深善乎古人謂紂雖無道不如是之甚者誠知武王之心歟

人君納諫之本先於虛己禹拜昌言故能納諫德宗强明自任必能拒諫

人之立身可常行者在德不可常行者在威蓋德則感人也深而百世不忘威則格人也淺而一時所畏然德與威不

可偏廢也常使德勝威則不失其為忠厚之士苟威勝德則未免為鍛鍊之流觀羊祜與杜預俱守襄陽後人思祜之深而思預之淺者豈祜尚德而預尚威乎

中人之性由於所習見其善則習於為善見其惡則習於為惡習於為善則舉世相率而為善而不知善之為是東漢黨錮之士與夫太學生是也習於為惡則學世相率而為惡而不知惡之為非五代君臣是也

西漢人才可與適道東漢人才可與立三國人才可與權杜欽谷永可與適道而不可與立故附王氏陳蕃竇武可與立而不可與權故困於宦官至於諸葛孔明然後可與權夫人才至可與權則不可以有加

張良近太公之材畧諸葛近伊尹之出處然良佐高祖論其時則宜語其德則合亮處三國則材大任小惜哉

議論要語不止於此僅錄得遺藁三十九段

豫章羅先生文集卷第十一

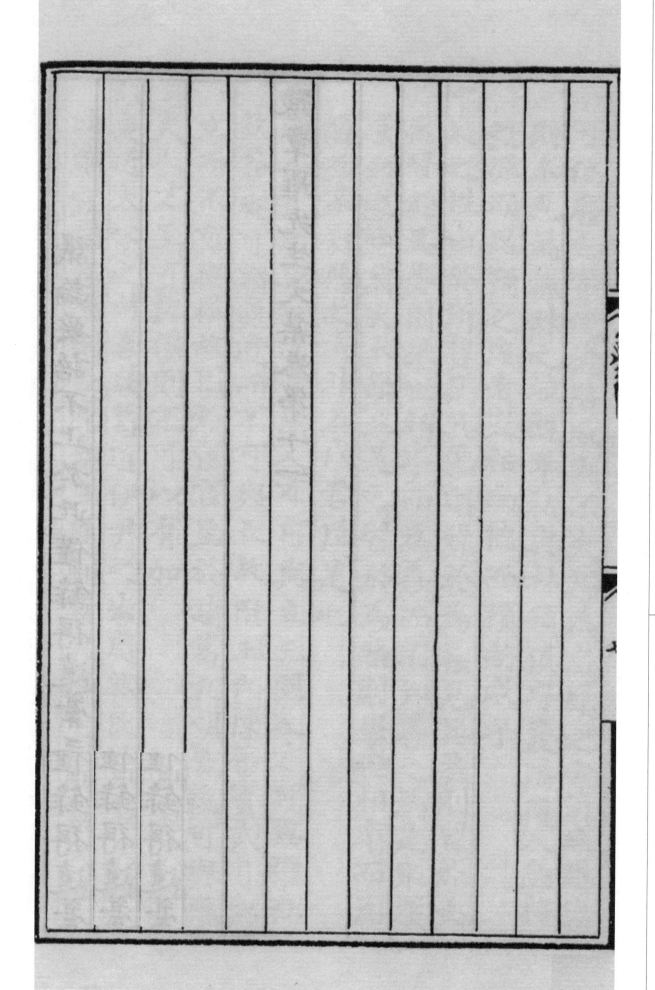

豫章羅先生文集卷第十二

雜著

春秋指歸序

余聞伊川先生有緒言曰三王之法各是一王之法春秋之法乃百王不易之通法也聖人以謂三王不可復回且慮後世聖王之不作也故作此一書以遺惠後人使後之作者不必德若湯武亦足以起三代之治也大略如此春秋誠百王之通法邪先儒之説春秋不然先儒紛紛不足道此處有誤孟子於聖門蓋得其傳者也曰王者之迹熄而詩亡詩亡然後春秋作又曰春秋其事則桓文孔子成春秋而亂臣賊子懼此孟子之説春秋者也然未嘗以春秋爲百王之通法也伊川何從而得之哉已而反求諸其心不立一毫不失不曠一以其言徵之豁若夢覺曰春秋之爲春秋也尚矣乃今知

之自周室衰蕩宣王撥亂反正其詩美之小有吉日鴻鴈大有崧高烝民不幸繼以幽王而驪山之禍作焉然而文武之澤未殄也故平王東遷人猶望其復興也及其久也政益衰法益壞黍離變爲國風陵遲極矣方是時也去文王已五百餘歲矣冠屨顛倒夷狄亂華天生聖人又不見用春秋於此時儻不復作天下不胥爲夷狄禽獸者吾不敢信也故夫子因魯史一十二公始隱終麟以二百四十年之事創爲一代之典善善而惡惡是是而非非寬不優猛不殘文不華實不陋久而彌光可以垂後世傳無窮真後王之懿範也所謂考諸三王而不謬百世以俟聖人而不惑者其此書之謂乎或者曰春秋其事則桓文孔子成春秋而亂臣賊子懼其信然乎曰春秋自隱公以來征伐四出盟會紛然迨莊僖楚人大爲中國患于時尊天子攘夷狄使天下不遂左衽者桓文

二公之力也故伐楚之役齊桓称爵城濮之戰文公以霸自後世言之二公之功烈莫盛焉自三王之時言之不免為罪也首止之會河陽之狩是也夫子因其事而辞之以明王道故曰春秋其事則桓文古之聖人能以天下為一家中國為一人者非有甚高難行之行卓異之術也君君臣臣父父子子而天下治矣書曰天叙有典勑我五典五惇哉天秩有礼自我五礼有庸哉蓋典也礼也皆天也堯舜之治天下不越乎君臣父子之間而礼以文之者也故春秋誅一世子止而天下之為人子者莫敢不孝戮一大夫盾而天下之為人臣者莫敢不忠故曰孔子成春秋而乱臣賊子懼孟氏之言抑有由也或曰孔子删詩書定禮樂讃易道三王之道盡於此矣而又作春秋何也曰五經論其理春秋見之行事春秋聖人之用也龜山嘗告人曰春秋其事之終學者先明五經

然後學春秋則其用利矣亦以此也久矣哉春秋之辨於傳
註也猶鑑辨於塵不有人焉刮垢磨光以還其明則是後之
學者將終不覩聖人之心天下生靈將終不見三代之治而
夫子生平之志將終不行理必無是也此伊川之所以有春
秋傳也近世說春秋者多矣政和歲在丁酉余從龜山先生
于毗陵授學經年盡裒得其書以歸惟春秋傳未之獲覩也
宣和之初自輦下趨鄭學門人尹焞出以授予退而攷合於
經驗之以心而參之以古今之學蓋其所得者十五六於春
秋大義譬如日月經天河海帶地莫不昭然微詞妙旨譬如
璣衡之察時有所見用是掇其至當者作指歸又因前人纂
集之功分別條章裁成義例者作釋例未知中否要須雍容
自盡於燕閒靜一之中遲之以歲月積之以力久優而游之
使自求之饜而飫之使自趨之則於春秋之學其庶幾乎

韋齋記

宣和三年歲在癸卯之中秋朱喬年得尤溪尉嘗治一室聚群書宴坐寢休其間後知大學之淵源異端之學無所入於其心自知辯急害道名其室曰韋齋取古人佩韋之義泛觀古人有以物為戒者有以人為戒者所謂佩韋以物為戒者也人之大患在於不知過知過而思自改於是有戒焉非賢者孰能之乎予始以困拚未能遂志因作舫齋陸海中且思古人所以進此道者必有由而然久之乃喟然嘆曰自孟軻氏沒更歷漢唐寥寥千載迄無其人有能自樹立者不過注心於外崇尚世儒之語而已與之游孔氏之門入於堯舜之道其必不能至矣夫中庸之書世之學者盡心以知性躬行以盡性者也而其始則曰喜怒哀樂之未發謂之中其終則曰夫焉有所倚肫肫其仁淵淵其淵浩浩其天此言何謂也

差之毫釐謬以千里故大學之道在知所止而已苟知所止則知學之先後不知所止則於學無自而進矣漆雕開之學曰吾斯之未能信曾點之學曰異乎三子者之撰顏淵之學曰回雖不敏請事斯語矣而孔子悅開與點稱顏回以庶幾蓋許其進也此予之所嘗自勉者也故以聖賢則莫學而非道以俗學則莫學而非物喬年才高而智明其剛不屈于俗其學也方進而未艾齋成之明年使人來求記於余余辭以不能則非朋友之義欲蹈襲世儒之語則非吾心故以其常所自勉者併書之使人知其在此而不在彼也或曰韋齋之作終無益於學也邪曰古之人固有刻諸盤杅銘諸几杖置金人以戒多言置欹器以戒自滿聖人皆有取焉苟善取之則韋齋之作不無補也

延平先生答晦翁云承録示韋齋記追往念舊令人淒然

某中間所舉中庸始終之説元晦以謂肫肫其仁淵淵其淵浩浩其天即全体是未發底道理惟聖人盡性能然若如此看即於全體處何處不是此氣象第恐無甚氣味尔某竊以謂肫肫其仁以下三句乃是体認到此達天德之效處就喜怒哀樂未發處存養至此氣象俟有地位也

誨子姪文

東鄰有千條家子孫不肖博弈飲酒馳馬試劍挾彈持弩與群小爲伍見士人則逃遁西鄰有百貫家子孫不羞里巷不顧父母日復如是諸子前行路人肉拭之曰爲人子孫固如是乎二家之長一日聚議曰吾二家子孫不肖如是之深治之恐傷骨肉之情不治之則恐敗先君之業若之何而爲是乎旁有客曰此乃至愚至賤之徒終遭刑責而後已吾將拉汝二人訪諸南鄰萬斛之丈人請問訓子孫之術矣南鄰萬

斛之家數十人入孝出悌文行忠信口不絶吟於六藝之文手不停披於百家之篇閨門之內肅肅如也閨門之外雍雍如也君之子孫若是夫何爲而至是也南鄰萬斛丈人曰吾之誨子孫也非鞭非笞非詬非罵但寫唐文人杜牧示小姪阿宜二句又寫本朝宰執諸公倣杜牧示姪聯句又寫范文正公家訓題東軒壁句時人謂之東壁句吾將示之倣倣寫于東壁示子孫尤佳東西二丈曰敬聞命矣願得本以寫于壁焉

杜牧曰願汝出門去取官如驅羊　富鄭公曰願汝出門去錦綉歸故鄉　韓魏公曰願汝出門去早早拜貢郎　范文正公曰願汝出門去翰林著文章　曾公亮曰願汝出門去錦綉爲肝腸 [redacted] 曰願汝出門去拄石鎮岩廊 [redacted] 曰願汝出門去從行臺八

方　其後蘇東坡打諢示子蘇迈曰願汝出門去毋貼
辱爺娘
羅古人即仲素先生也族有不肖子數人撰此以勉之
況其親子弟乎此見仲素先生仁也故曰仁人之言其
利博哉族人羅綽敬跋
羅仲素先生無書不讀深造聖經之奥旨有志於孝無
志於仕不求人知人自知之遠近之士聞風慕道重跡
而前肩摩而袂屬也予嘗得之誨子弟文藏之以爲家
寶今鋟板以廣其傳幸觀覽者誦其文而究其義師其
言而尊其人爲尊長者勸焉爲子弟者勉焉其有補於
風教豈細也哉傳有之曰君子之言信而有證其先生
之謂乎然則信斯言也宜書諸紳隆興元年六月十五
日左奉議郎致仕賜緋魚袋孫大中敬跋

與陳默堂書

從彦承喻聖道甚微有能於後生中得一箇半箇可以與聞於此庶幾傳者愈廣吾道不孤又何難之不易也從彦聞尊兄此言尤着意詢訪近有後生李愿中者向道甚銳曾以書求教𦤺向大抵近正謾録其書并從彦所作小詩呈左右未知以爲然否

豫章羅先生文集卷第十二

豫章羅先生文集卷第十三

詩

觀書有感

靜處觀心塵不染閑中稽古意尤深周誠程敬應粗會奧理休從此外尋

自警

性地栽培恐易蕪是非理欲謹於初孔顏樂地非難造安讀誠明靜定書

示書生

知行蹊徑固非艱每在操存養性閒此道悟來隨寓見一毫物慾敢相關

顔樂齋

山染嵐光帶日黃蕭然茅屋枕池塘自知寡與真堪笑賴有

顔瓢一味長

邀月臺

矮作垣墻小作臺時邀明月寫襟懷夜深獨有長庚伴不許庸人取次來

後改云也知鄰鬬非吾事且把行藏付酒杯

延平先生云羅先生山居詩偶記不全今只據追思得者録去邀月臺詩云云侗見先生此詩後兩句不甚愜人意嘗妄意云先生可改下兩句不甚渾然先生别云也知鄰鬬非吾事且把行藏付酒杯蓋作此數絶時正靖康間也

送南劒王守歸

三年政化被生民甘雨祥風溢劒津解組翛然賦歸去攀轅無計可留恂

未把陽關三疊吟且將謬句寫離心千尋浩浩鐔溪水别恨

不知誰淺深

勉李愿中五首愿中以書求道甚力作詩五首以勉其意然偕硯濡於聾盲未知是否

聖道由來自坦夷休迷佛學惑他岐死灰槁木渾無用緣置心官不肯思學道以思爲上孟子曰心之官則思書曰思曰睿睿作聖惟狂克念作聖佛法一切反是

不聞雞犬鬧桑麻仁宅安居是我家耕種情田勤礼義眼前風物任繁華

今古乾坤共此身安身須是且安民臨深履薄緣何事祗恐操心近矢人外吾聖人之學申韓佛老皆有書在決擇也

彩筆畫空空不染利刀割水水無痕人心但得如空水與物自然無怨恩吾道當無凝於物

權門來往絕行蹤一片閑雲過九峯不似在家貧亦好水邊林下養疎慵

自述

松菊相親莫厭頻紛紛人世只紅塵百憐寡與真堪笑賴有清風是故人

題一鉢庵

可憐萱草信無憂誰謂幽蘭解結愁欲得寸田斷荊棘只消一作紙應長伴赤松游

挽吉溪吳助教二首

室富真儒業門多長者車明經方教子得第已榮家性守仍知分天然不愛奢百年成古昔行路亦咨嗟

新生誇躑躅舊德嘆凋零冷帶商岩月光凌處士星布衣難得祿白首易窮經追想今何在溪流對洞庭

顏樂亭用陳默堂韻

平時仰止在高山要以亭名樂內顏顛倒一生渾是夢尋思百計不如閑心齋肯與塵汙染陋巷寧容俗往還堅守簞瓢

心不改恐流乞祭向墦間

寄傲軒用陳默堂韻

自嗟踽踽復涼涼糊口安能仰四方目送歸鴻心自遠門堪羅雀日偏長家徒四壁稱仍緑俟戶千頭橘又黄我醉欲眠卿且去肯陪俗客語羲皇

濯纓亭用陳默堂韻

十載猶緇京洛塵歸歟那復厠朝紳君今談笑青油幕我伹巍峩烏角巾江漢更從尼父濯衣冠寧羨屈原新欲賡孺子滄浪詠會意須還舍瑟人

題靜亭

鼎創新亭靜更幽四時景象鎮長留端如和氣熏談笑恍若春風中泳游排闥山供藍色重憑欄水擁壁光浮我来登賞無窮趣好把篇詩與唱酧

送延年行（延年弟子也不知何姓以詩辞歸先生因用韵而餞其行）

聖言天遠海潭潭獨在潜心夂泳涵偎念百家非已好妄將一貫與君談賢如賜也才知二辛若陳亢只得三此道惧来因自足却隨鵬鳥話圖南

再用韵送延年

心源寂靜映寒潭每欲操存更養涵顧我日思攀劇論荷君時與得高談眼前舊識知多少物外深交没二三幸夂相親頻握手遂成分别又東南

和延年岩桂

幾樹芬芳檀與沉枝枝若占鄰家林風摇已認飄殘菊日照渾疑綴散金仙寂移來成美景東堂分去結清陰我今不願蟾宫折待到蟾宫向上吟

題德士退庵

牛頭山頂鑠煙霞簷月松風即我家筏渡有情新活計袋空無物舊生涯已將黄葉分双手却攝白茅占一窩會得懶慵歸去路索然忘鳥更忘花

賀田溪張公遷居

華構經營占地靈濃嵐環合数峯青苟完公子方成室趨訓兒孫已過庭豈止一時誇壯麗定知百世享安寧顧惟善頌非張老祇貢湯盤往日銘

和張公叙别古風

良工創新第蕭洒侔洞府經營未畢工四面方與堵蛟龍忽夜從空中震雷雨親舊賀于門主人迎孔户連喚鳳児来藏書幾多部為我張廣筵酧賓酌以旅人謂主公賢敦朴嗤峻宇規模出心匠務卑由乃祖欲圖久安逸勿辭暫勞苦忠孝闡門家詩礼光族緒居室云苟完謙冲弥自愛玉石不分别

鶴雛謾爲侶顧予局促輦鄉評少推許嘗遊莊嶽間喜作齊
人語何幸天相之憣然交鄒息卑年欽大名馳書聊以序比
來揖清風談笑揮玉麈見之名利盡久侍豈無補素志以深
對青眼猶相與默念湯盤須未爲領肺腑何嘗惠古風錦綉
施牋楮妙曲誠寡和取則憑柯斧

先生曰白雲亭獨寐寤寄傲軒皆有詩及銘記數篇以
紙蠹朽録不能全俟後搜尋真本當得其録嘗嘉定巳
卯中春舜山羅棠君美敬書

豫章羅先生文集卷第十三

豫章羅先生文集卷第十四

附録上

事實

先生諱從彦字仲素劒浦之羅源人羅源昔曰上團先生遠祖迁于是鄉聚族百餘皆羅姓也故改曰羅源出先生曾祖文弼墓志碑曾祖文弼祖世南父神繼皆隱身不仕先生自幼穎悟不爲言語文字之學及長堅苦刻厲篤意求道初從當律先生吳國華游已而聞龜山先生得伊洛之學於河南遂往學焉踰知舊日之學非也三日驚汗浹背曰幾枉過了一生龜山倡道東南從游者千餘人然語其潛思力行任重詣極如先生一人而已嘗講易至乾九四一爻龜山云曩聞伊川先生說得甚好先生遂鬻田裹糧至洛見伊川其所聞亦不外龜山之說及歸於是盡心力以事龜山摳衣侍席二

十餘載盡得不傳之秘龜山語録第三卷則先生所編也同門友默堂陳幾叟與先生俱游龜山門情好尤密定交幾四十年默堂嘗云憶初從龜山龜山以孟子飢者甘食渴者甘飲與夫人能無以飢渴之害爲心害則不及人不爲憂矣令先生思索且云此語若易知易行而有無窮之理先生思之數日䟽其義以呈龜山曰飲食必有正味飢渴害之則不得正味而甘之猶學者必有正道不悦於小道而適正焉則堯舜人皆可爲矣何不及之有哉龜山云此説甚善更於心害上一着猛省則可以入道矣先生一生服膺此語凡世之所嗜好一切禁止故學問日新尤不可及先生清介絶俗雖里人鮮克知之郡人李愿中新安朱喬年聞先生得伊洛之學於龜山之門遂執弟子禮從之游晦庵年譜云朱松字喬年少以詩聞從豫章先生羅公遊則聞龜山所傳伊洛之學初

李愿中以書謁先生云先生性明而修行全而潔充之以廣
大体之以仁恕精深微妙多極其至漢唐諸儒無近似者至
於不言而飲人以和與人並立而使人化如春風發物蓋亦
莫知其所以然也凡讀聖賢之書粗有見識者孰不願得授
經門下以質所疑從之問李終日相對靜坐只說文字未嘗
一及雜語先生極好靜坐愿中退居室中亦只靜坐先生令
靜中看喜怒哀樂未發之謂中未發時作何氣象不惟於進
李有力亦是養心之要相從累年受春秋中庸語孟之說從
容潛玩有會于心盡得其所傳之奧先生少然可亟称許焉
紹興壬子州李落成八月上丁先生以太守周侯綰之命領
袖諸生宗昇張元侯將藻廖授張維廖棋行釋菜礼有洙泗
齗齗氣象舍人呂大中以詩叙之龕諸夫子廟壁今于石刻以在
礼殿東廡下先生山居有顏樂齋寄傲軒邀月亭獨寐龕白

雲亭又池畔有亭曰濯纓每自賦詩默堂諸公皆有唱和嘗曰士之立朝要以正直忠厚爲本正直則朝廷無過失忠厚則天下無怨嘆又曰朝廷大奸不可容朋友小過不可不容大奸必乱天下小過必微全人其著遵堯録歷言我宋一祖開基三宗紹述若舜禹遵堯相守一道迨熈寧間王安石用事管心鞅法甲倡乙和卒稔裔夷之禍未嘗不爲之痛心疾首也又有春秋解毛詩解中庸說語孟解議論要語台衡録春秋指歸晚就特科授惠州博羅縣主簿卒於官享年六十有四子敦叙早歿無嗣喪不得歸者數年其後族人羅友爲惠州判官遣人扶護以歸至汀州遇草寇竊發遂寄葬於郡之開元寺又數年其門人李愿中始爲歸葬于本郡羅源黃際坑之原母夫人墳之側教授公葬云卒于汀之武平縣又一本云附葬于黃際坑府君墓之側去縣二十里墓以穄墊

嘉定六年劉守允濟久聞先生之名自到任後力加搜訪遂
得春秋解毛詩解一書墨本今藏〻文孝及遵堯録八卷尚未
脫藁侯於是精加審訂録遵堯録奏請于　朝乞宣付史館
外賜一謚號以示褒表儒先之意又得先生墓於荆榛頹圮
之中重新修甃立石以表道架亭以行祀命教授方大琮率
諸生致祭于墳所每歲展祀無闕又給官田差人看守撥官
田計米一十二石一斗六升令守墳人尤三老自行佃作却
於内以六石輸斈中爲每歲祀事之費餘以給守墳之人每
歲寒食節教授率職事生員備酒殺牲幣覲到墳下行礼郡
撥錢五貫省助祭淳祐六年三月十七日閩憲楊左史棟乞
謚羅李二先生尋送大常博士陳協撰謚議云道德博厚曰
文言行相應曰質師友淵源洞明天理非道德博厚乎清介
絕俗著書有聞非言行相應乎請謚先生爲文質　上可其

奏丁未冬制書下戊申春到郡夏五月權郡丁倅鎔命推官沈元忠率職事并其子孫詣墳所燎黄札畢而歸

問答

問龜山云横渠氣質之性如何龜山曰人所資稟固有不同者若論其本則無不善蓋一陰一陽之謂道陰陽無不善而人則受之以生故也然而善者其常也亦有時而惡矣猶人之生也氣得其和則爲安樂人及其有疾也以氣不和而然也然氣不和非其常治之而使其和則反常矣其常者性也此孟子所以言性善也横渠説氣質之性亦云人之性有剛柔緩急強弱昏明而已非謂天地之性然也今夫水清者其常然也至於湛濁則沙泥混之矣沙泥既去其清者自若也是故君子於氣質之性必有以變之其澄濁而水清之義歟

問知微之顯莫只是戒慎其所不覩恐懼其所不聞否亀山曰然因言有僧入僧堂不言而出或曰莫道不言其聲如雷莊周之尸居而龍見淵默而雷聲可謂善言者也

亀山語先生云今之學者只為不知為學之方又不知學成要何用此事体大須是曾着力来方知不易夫學者學聖賢之所為也欲為聖賢之所為須是聞聖賢所得之道若只要博通古今為文章作忠信愿愨不為非義之士而已則古來如此等人不少然以為聞道則不可且如東漢之衰處士逸人與夫名節之士有聞當世者多矣觀其作處責之以古聖賢之道則畧無毫髮髣髴相似何也以彼於道初無所聞故也今時學者平居則曰吾當為古人之所為纔有事到手便措置不得蓋其所學以博古通今為文章或志於忠信愿愨不為非義而已而不知須是聞道故

應如此由是觀之學而不聞道猶不學也

問詩如何看龜山先生曰詩極難卒說大抵須要人体會不在推尋文義在心爲志發言爲詩情動於中而形於言言者情之所發也今觀是詩之言則必先觀是詩之情如何不知其情則雖精窮文義謂之不知詩可也子夏問巧笑倩兮美目盼兮何謂也子曰繪事後素曰礼後乎孔子以謂可與言詩如此全要体會何謂体會且如關雎之詩詩人以興后妃之德蓋如此也須當想象雎鳩爲何物知雎鳩爲摯而有別之禽則又想象關關爲何聲知關關之聲爲和而通則又想象在河之洲爲何所在知河之洲爲幽閒遠人之地則知如是之禽其鳴聲如是而又居幽閒遠人之地則后妃之德可以意曉矣是之謂体會惟体會得故看詩有味至於有味則詩之用在我矣

語先生云西銘只是發明一箇事天底道理所謂事天者循天理而已

語先生云時嘗有數句教李者讀書之法云以身体之以心驗之從容默會於幽閑靜一之中超然自得於書言象意之表此蓋某所爲者如此

又云西銘曾古人用心要處爲文正如杜順作法界觀樣

先生問盡其心者知其性如何是盡心底道理曰未言盡心先須理會心是何物又問曰心之爲物明白洞達廣大靜一若体會得了然分明然後可以言盡未理會得心盡箇甚能盡其心自然知性不用問人大抵須先理會仁之爲道知仁則知心知心則知性是三者初無異也横渠作西銘亦只是要李者求仁而已

晦翁問延平云祭如在祭神如神在熹疑此二句乃弟子記

孔子事又記孔子之言於下以發明之曰吾不與祭如不祭也李先生應之曰侗嘗聞羅先生曰祭如在及見之者祭神如神在不及見之者以至誠之意與鬼神交庶幾享之若誠心不至於礼有失焉則神不享矣雖祭何爲

延平荅晦翁書云侗自少時從羅先生學問彼時全不涉世故未有所入聞先生之言便能用心靜處尋求

延平云昔聞之羅先生云横渠教人令且留意神化二字所存者神便能所過者化私吝盡無即渾是道理即所過自然化矣

又云侗幸得早從羅先生遊自少時粗聞端緒中年一無佽助爲世事淟汩者甚矣所幸比年來得吾元晦相與講學於頽墮中復此激發恐庶幾於晚境也

李先生云舜之所以能使瞽瞍底豫者盡事親之道共爲子

職不見父母之非而已昔羅先生語此云只爲天下無不
是底父母了翁聞而善之曰唯如此而後天下之爲父子
者定彼臣弑其君子弑其父者嘗始於見其有不是處耳
先生令愿中靜中看喜怒哀樂未發之謂中未發時作何氣
象不惟於進學有力亦是養心之要
李先生云侗昔於羅先生得入處後無朋友幾放倒了
晦庵年譜云朱松字喬年甫冠擢進士第入館爲尚書郎少
以詩文名從豫章先生羅某遊則聞龜山楊氏所傳伊洛
之學
晦翁云羅公清介絶俗雖里人鮮克知之
又云羅仲素先生都是着實仔細去理會
又云羅先生嚴毅清苦殊可畏
龜山先生脱句潛思力行任重詣極如羅公者一人而已

羅傳文云延平先生之傳延某伯祖仲素先生之道河洛之學源流深遠

晦庵年譜云延平先生受學于豫章羅先生與韋齋為同門友

晦庵門人問云李延平先生靜坐之說聞先生不以為然如何曰此亦難説靜坐理會道理自不妨只是討要靜坐則不可若理會得道理明透自然是靜嘗見李先生說舊見羅先生云說春秋頗覺未甚愜意不知到羅浮極靜後義理會得如何某心嘗疑之以今觀之是如此蓋心下熱鬧如何看得道理出

晦翁祭延平文云惟時豫章傳得其宗一簞一瓢凜然高風

諸儒議論　闕

豫章羅先生文集卷第十四

豫章羅先生文集卷第十五

附録中

繳進遵堯録狀　　劉允濟

臣聞言盡忠而得録於後者固先賢之素志事若緩而有切於今者亦治世所樂聞山林之士雖弗急於功名畎畝之中未嘗忘夫君父言不用世事或遇時司馬遷藏史記於名山以俟後聖孔安國得尚書于屋壁悉上送官人雖無述傳之心道豈有終窮之理竊念湮淪之斷簡果逢　熙洽之昌期臣少挾槧鉛長遊庠校久聞羅從彥為閩名士制行甚高其在徽廟朝居鄉授徒守道尤篤未得平生言行之實每識尊聞欽慕之心昨叨　聖上之誤恩來守延平之偏壘始知從彥實為郡人問其世家寖絶難迹咨諸故老搜索良勤久而見春秋與詩解之累編中乃有　聖宋遵堯録之八卷親書

楷筆自爲叙文大抵以我 國家 一祖開基 列聖繼統
綱正目舉無漢唐雜霸之未醇 君聖臣賢若舜禹遵 堯
而不変備述 太宗允邊防事機之重盡守規模復言 仁
祖承封祀宮室之餘益加恭儉揄揚丕憲推本深仁大而郊
廟宮掖之嚴次而朝廷郡国之政或繹言以極發明之旨或
辨微以寓諷諫之誠未陳 元豐閒改制之因皆自王安石
作俑之過管心鞅法創爲功利之圖章倡蔡隨浸兆裔夷之
侮痛心疾首杜門著書在靖康丙午而已成值金寇邊塵而
莫上八十九年孤憤之氣鬱鬱未伸四萬餘言剴切之文彬
彬可撫臣以是見從彥道術精粹議論正平雖然山澤之寒
儒蔚若臺閣之素宦義由中激言不詭隨生同葵藿之所傾
歿與草木而俱腐情誠可憫忠亦難磨臣謹錄成書繳進
黼座欲望萬機之暇特加 乙覽之勤儻有合於 宸衷幸

宣付於史館仍乞 睿慈賜謚如 近朝尹焞邵雍之傳庶幾天下歸心希古者下惠少連之舉非特慰遺忠於泉壤亦將興大道於人心臣還觀從彥凡所立言不愧今古念無後嗣可續聲猷所圖斯文遭遇於 聖明庶使其名流傳於永久言誠狂瞽罪分誅夷所有羅從彥元撰 聖宋遵堯錄八卷謹繕寫成二冊实封隨狀繳進須至奏聞者

貼黃 前人

臣竊見故端明汪應辰待制朱熹所撰延平李侗行狀墓誌具言侗師羅仲素且言故[redacted]議龜山揚時唱道東南從遊甚衆語其潛思力行任重詣極如仲素一人而已仲素乃從彥之字以是知從彥學有源流臣到郡日力加搜訪或云從彥嘗應舉就特科爲主簿緣無子孫別無證據今觀所著書只稱延平羅從彥尚未脫槀臣取元本更加審訂方敢奏 聞

伏乞

睿照

又貼黃　　　　　　　前人

臣照得羅從彥既無子孫荒墳一所委之榛莽深爲可憫臣比類嘉定五年　赦文内忠臣孝子墳墓量加封護一項已行修飾量給官田差人看守仍牒州斈每歲展祀無闕如蒙

聖慈從臣所乞以遵堯録　宣付史館外賜一謚號即乞頒下本州遵奉施行併乞

睿照

請謚羅李二先生狀　　　　　　楊棟

禮部狀准淳祐六年三月十七日都省批下朝奉郎直秘閣福建提刑楊棟狀臣竊惟欲治天下者先正人心欲正人心者先正斈術斈術不正則名實淆乱是非顛倒上無所折衷

下無所則傚無所折衷故上聽惑無所則傚故民志亂民志靡定則遺親後君之俗興而天下之患從此始矣故正學術以正人心誠當今之急務也恭惟　聖朝天開文治純公正公二程先生崛興伊洛之間聞道於元公周夫子而遂造其至續孔孟大公之傳開萬世可久之業本末一貫人己俱立堯舜復起不易吾言嗚呼盛哉二先生沒門人傳其道者曰龜山楊文靖公文靖傳之羅先生從彥羅先生傳之李先生侗時朱文公篤志講學求師四方後見李先生聞所謂默坐澄心體認天理之語脫然知道之大本在乎是也從遊累年往復問辨而卒傳先生之學由周程而來其所傳授本末源流不可誣也　陛下嗣登大寶首宗朱文公之道以風天下其門弟子之賢者亦蒙褒表或賜美謚甚大惠也然朱文公之學實師乎先生獨未聞有以推尊其師者豈以其師者書

不多不若諸人之論述詳而發明廣歟不然何隆禮於其弟子而反遺其師也夫天下之至善曰師師道立則善人多善人多則朝廷正而天下治此言爲道義而發書之多寡初不足計且聖賢著述皆非得已孔子曰予欲無言孟子曰予豈好辯哉予不得已也顔子不著書實爲亞聖然而論語必以堯曰終篇孟子末章歷叙堯舜至孔子而韓愈原道之作所謂以是傳之必謹擇而明辨者所以示萬世之公傳率天下以正道實至重至大之事不可忽也觀朱文公所稱羅氏曰潜思力行任重詣極如公一人而已其稱李氏曰講誦之餘危坐終日以驗夫喜怒哀樂未發之前氣象爲如何而求所謂中者若是者蓋久之而知天下之大本在乎是也然則朱文公之所得於李先生李先生所得於羅先生者厥或在此而有出於文字詞義之表者可知矣今天下學士家有朱氏

之書人誦朱門之語而其切要遠大精實中正得之心而見
於行則知者鮮焉是徒誦文公所著之書而不知文公所傳
之道若非明示正宗使天下曉然識所趨向以求造夫至善
之地棟恐名實淆亂是非顛倒文公之書雖存文公之道將
喪矣故竊以爲欲明文公之道莫若尊文公之師溯濫將明
指咨諏閩部實在羅李二先生之鄉而平生之志頗知景慕
用敢列其事以聞欲乞　聖慈採聖學之傳重師道之本以
其所以尊崇朱文公者而推尊其師等而上之以及羅氏各
賜美謚昭示寵褒表勵方來庶幾伊洛之學不淪於言語朱
氏之書實見於踐行豈惟二臣潛德發揮其道光大而於損
文華以崇德行正學術以正人心實非小補尋送太常寺丞
通直郎太常博士兼景獻府教授陳協撰到羅先生謚議節
文曰先有辭臣有謚云云

謚議　陳協

生有爵死有謚故爵隆者然後得謚所以示其節也至於蘊
德立園而其立言有補於當世可傳於後學則節惠之典出
於　朝廷之特命又不可拘以常制也若羅公從彥可謂有
德有言之隱君子矣初龜山得伊洛之學倡道東南士之遊
其門者甚衆其潛思力行任重詣極輩流中推公一人而已
當　徽廟時居鄉授徒守道尤篤而同郡李公侗傳其學厥
後朱文公熹又得李公之傳其道遂彰明於世學者仰之如
泰山北斗者其端皆自公發之公延平人既沒之後家無子
孫故其遺言不多見於世嘉定七年郡守劉允濟始加搜訪
得公所著遵堯錄八卷進之於朝其書四萬言大要謂　藝
祖開基　列聖繼統若舜禹遵堯而不變至　元豐改制皆
自王安石作俑創爲功利之圖浸兆裔夷之侮是其畎畒不

忘君之心豈若沮溺輩素隱行怪之比邪謹按謚法道德博厚曰文言行相應曰質公師友淵源洞明天理可謂道德博厚矣清介絶俗著書有聞可謂言行相應矣請謚公爲文質云云　謹議尋請官覆議朝散郎尚書考功員外郎兼禮部郎官周坦撰到故羅先生覆謚議節文曰云云

覆謚議　　周坦

士有匿身隱約而道德問學足以師表來世雖生無一命之爵身没之後斯道之傳愈久愈光所以爲人心綱常之標準者關係甚大則泝流遡源節惠之典安可闕也羅公從彥不求聞達於世胷次抱負不少槩見獨得其大者所謂道德問學之淵源上承伊洛之正泒下開中興以後諸儒之授受昭然不可泯也公受學龜山之門其潜思力行任重詣極同門皆推敬之義理之學正欝於時一綫之緒賴是得以僅存覿

其在羅浮山靜坐三年所以窮天地萬物之理切实若此諸
遵尧録一篇述　皇朝相傳宏規懿範及名臣碩輔論建謨
畫下及　元豐功利之人紛更憲度貽患国家撮要提綱無
非理亂安危之大者公之文学其明体適用畧可推矣奉常謚
公曰文質於法爲宜五月二十四日奉
聖旨依
右劄付本家照會准此　淳祐七年十月
謚告闕

豫章羅先生文集卷第十五

附録下

見羅先生書　　李侗延平先生

侗聞之天下有三本焉父生之師教之君治之闕其一則本不立古之聖賢莫不有師其肄業之勤惰涉道之淺深求益之先後若存若亡其詳不可得而考惟洙泗之間七十二弟子之徒議論問荅具在方冊有足稽焉是得夫子而益明也孟氏之後道失所傳枝分派别自立門户天下真儒不復見於世其聚徒成群所以相傳授者句讀文義而已耳謂之熄焉可也夫巫醫樂師百工之人其術賤其能小猶且莫不有師儒者之道可以善一身可以理天下可以配神明而參變化一失其傳而無所師可不爲之大哀邪恭惟　先生鄉丈服膺龜山之講席有年矣况嘗及伊川先生之門得不傳於

千五百歲之後性明而脩行完而潔擴之以貫大体之以仁
恕精深微妙各極其至漢唐諸儒無近似者至於不言而飲
人以和與人並立而使人化如春風發物蓋亦莫知其所以
然也凡讀聖賢之書粗有識見者孰不願得授經門下以質
所疑至於異論之人固當置而勿論也倘之愚鄙欲操棱篲
以供掃除幾年于茲矣徒以習舉子業不得服役於門下先
生想不謂其可棄也且倘之不肖今日拳拳欲求教於先生
者以謂所求有大於利祿也抑倘聞之道之可以治心猶食
之充飢衣之禦寒也人有迫於飢寒之患者汲汲焉爲衣食
之謀造次顛沛未始忘也至於心之不治有沒世不知慮者
豈愛心不若口體哉弗思甚矣然飢而思食不過乎菽粟之
甘寒而求衣不過乎綈布之溫道之所可貴亦不過君臣父
子夫婦長幼朋友之間行之以仁義忠信而已耳捨此之不

務而必求夫誣謊謬悠可以駭人耳目者而學之是猶飢寒切身者不知菽粟絲布之為美而必期乎珍異侈美之奉焉求之難得享之難安終亦必亡而已矣侗不量資質之陋妄意於此徒以祖父以儒學起家不忍隊墮箕裘之業孳孳矻矻為利祿之學兩終星紀雖知真儒有作聞風而起固不若先生親炙之得於動靜語嘿之間目擊而意會也身為男子生在中華又幸而得聞先生長者之風十年于今二十有四歲矣茫乎未有所止燭理不明而是非無以辨宅心不廣而喜怒易以搖操履不完而悔恪多精神不充而智巧襲擾焉而不淨守焉而不敷朝夕恐懼不啻猶飢寒切身者求充飢禦寒之具也不然安敢以不肖之身為先生長者之累哉聖學未有見處在佛子中有絕嗜欲捐想念即無住以生心者特相與遊亦足以澄汰滓穢洗滌垢坌忘情乾慧得所休歇言

蹊義路有依倚處日用之中不無益也若曰儒者之道可會
爲一所以窮理盡性治國平天下者舉積諸此非自愚則欺
也衆人皆坐侗以此而不知侗暫引此以爲入道之門也仰
惟先生不言而飲人以和 此句重出恐有誤 接物而與之爲
春未占而字無有遠邇此侗所以願受業於門下以求安身
之要故吾可舍今我尚存昔之所趍無涘轍之可留今之所
受無關鍵之能礙氣質之偏者將隨學而變染習之久者將
隨釋而融啓之迪之輔之翼之使由正路行而心有所舍則
儻焉日有孳孳死而後已侗當守此不敢自棄於門下也

答羅仲素書　　胡安國 字康侯文定其諡也

安國頓首　主簿足下記居南北尚昧平生往歲乃辱惠書
數千里之外并示所著春秋指歸備覽二序惟賢者欽慕聖
門之篤良慰孤想書詞宜即報會兵戈紛擾久不果重念推

意不可虛辱聊有所聞夫春秋大要明天理世衰道微臣子弑君妾婦乘其夫夷狄侵中國天理滅矣聖人爲是作春秋戒履霜之漸明嫡妾之别謹夷夏之辨其微辭隱義抑縱予奪是非進退必多求博取貫通類例未易以一事明也必心解神受超然自得非可以聞見到也觀百物然後知化工之神聚衆材然後知作室之用今足下乃謂誅一世子止而天下之爲人子者莫敢不孝戮一大夫盾而天下之爲人臣者莫敢不忠切恐其言之過矣且許止以不嘗藥而書弑趙盾以不越境而書弑鄭歸生以憚老而書弑陳乞以流涕不從而書弑至於欒武子親弑其君州蒲而不書楚公子圍親弑其君郟敖而不書鄭公子騑親弑其君而不書邴歜閻職罪歸齊人而不以盜稱里克甯喜各存其官而不以賊討春秋舉法曷爲輕重不倫如此哉使後世君子致疑經傳著論排之

聖人精意愈晦而不明也則有由矣春秋大法旣晦不明而
謂能使亂臣賊子懼則亦妄矣夫聖筆誅亂臣討賊子其法
至詳先儒皆秘而未之發也宜孰思之足下又謂因孔子答
顏淵爲邦之問而知春秋爲百王不易之通法不知於二百
四十二年間兼用虞夏商周之法如夏時商輅周冕韶舞之
類者果何事乎得與指歸備覽并以見教以啓發其所未聞
不勝幸甚

安國頓首

答羅仲素書

陳淵

語孟師說跋

陳淵

淵與仲素定交幾四十年憶初從龜山龜山以孟子飢者甘食渴者甘飲與夫人能無以飢渴之害為心害則不及人不為憂矣令仲素思之且云此語若易知易行而有無窮之理仲素思之累日疏其義以呈龜山曰飲食必有正味飢渴害之則不得正味而甘之猶學者必有正道不悅於小道而適正焉則堯舜人皆可為矣何不及之有哉龜山云此說甚善但更於心害上一著猛省留意則可以入道矣仲素一生服膺此語凡世之所嗜好一切禁止故學問日新尤不可及自非龜山抽關啓鑰而仲素於言下省悟何以臻此使仲素而不死則其精進此道又豈予之所能知哉今日李君愿中以其遺書質予其格言要論自為一家之書閱其學益進誦其言益可喜信乎自心害而去之也自仲素之亡傳此書者絕

少非原中有志於吾道其能用心如此之專乎既録一本以備玩味今録其書并以仲素之所授於龜山者語之以俟異日觀其學之進則此語不無助焉紹興辛酉正月元夕後三日廓山陳淵謹書

韋齋記跋

石墪

吏部朱公尉尤溪時命其燕居之齋曰韋郡之儒先羅公仲素記之吳郡户曹曹君令德銘之宣和六年更兵火棟宇易置乾道七年墪猥當邑寄公之子編修先生仲晦父適以事來墪學于先生者相與訪故韋齋所得小室雖非其舊而風景不殊遐想高蹤嘆慕不已先生亦泫然流涕因出張舍人安國所作齋榜二大字墪請揭之并刻記銘以成公志惟公道學高妙充之於身洪纖中節猶懼辯急之患而有佩韋之警夫子曰德之不脩學之不講聞義不能徙不善不能改是

吾憂也公之謂歟

題集二程語孟解卷後

羅革

族兄仲素篤志好學推研義理必欲到聖人止宿處以王氏解經釋字雖富贍詳備然終不得聖賢大學之意遂從龜山游摳衣侍席二十餘載獨聞至當得洛中横渠語論頗多乃編成語孟二解記當時對問之語不加文采録其實也廖仲辰於龜山門下與仲素爲友得其本録之庚戌辛亥中來聚生徒于南斎羅源南斎也授予此本廖諱衎爲龜山之姪壻議論尤得壼奥程氏西洛人明道先生諱顥字伯淳明道其號也伊川諱頤字正叔明道先生之弟横渠先生陝西人姓張諱載字子厚與伊川兄弟同時龜山諱時字中立在洛中爲入室高弟仕至工部侍郎世居將樂仲素諱從彦以特奏中下科蓋吾族後山之裔後山乃羅源之後山享年六十有

19 歳自廣回卒于汀州之武平縣紹興壬申六月念八日第
華因閱此書記于汀州教授廳云

題義恩祠壁　　盛木

從彥先生名也仲素先生字也博羅主簿先生官也先生姓
羅氏與宗約王父殿撰公五世兄弟也先生以聞伊洛之斈
師事龜山楊先生得所未得聞所未聞嘗從龜山講易至乾
九四一爻龜山云曩聞伊川先生說得甚好先生聞之鬻田
裹糧至洛見伊川歸語龜山其說亦不外龜山於是盡心力
以事龜山得不傳之妙此先生之斈也先生無嗣諸經解遺
文在諸從斈者家春秋解昔宗約嘗見之此先生之文也先
生同殿撰公隸業於義恩寺後繪先生遺像從祀于先世香
火之側蓋其寺先生八世祖捨田所創故也宗約官桂林木
自廣西從宗約歸延平宗約西行改秩館木此寺以俟其歸

嘗聞宗約講及先生道學梗槩今拜先生遺像起敬起慕之
餘拾舊所聞輒敢僭易書于祠側之壁後係之以辭云

先生之學　精一之學　先生之傳　伊洛之傳
至道無文　至學無詞　以心傳心　天地不知
先生之道　天人之師　其道光大　有俟他時
揭來瞻慕　後學得依

時紹興乙亥十月廿日東里盛木仁叔題

書議論要語卷後　羅博文

伯祖先生議論要語得之於眉人石安民大任其仲父道叟公轍紹興乙卯嘗爲延平學官獲此題云傳之郡人彭君今先生云亡無所取證恐兵火之後飄散未可知觀其議論高致真有用之學致主庇民脩身養心蓋在於斯於是知先生之學不爲空言也歸則當以示友人朱元晦而審訂之旹乾道

丙戌十月寓成都燕堂羅博文敬書

題羅仲素顔樂亭　陳淵

亭名顔樂枕高山自有行藏遠契顔玉陛不求千載遇草門
瀛得一生閒簞瓢陋巷堪遊衍富貴浮雲任往還更續洛川
求所寄會傳餘論洛人間　明道先生有顔樂亭銘

題羅仲素寄傲軒　陳淵

南窗何似北窗涼寄傲乗風各有方俯仰尚嫌天地窄卷舒
寧計古今長酒斟盞裏浮醅綠菊採籬邊溜眼黃萬事醉來
俱不醒時飛清夢到羲皇　是日重九先生置酒故云

題羅仲素濯纓亭　陳淵

涉世誰能不混塵幸無塵土點簪紳滄浪解洗許由耳醽醁
還澆靖節巾心地已非汙可染盤銘自警德常新此亭要與
名俱永不信西風能汙人

上舍辭歸　　李延年

學道求師久劬譚豈緣枯朽預濡涵致知事業同歸理克己工夫判立談未借老商顔笑一巳譜韓氏俗重三過庭若問論詩礼應問從誰斈指南

和羅仲素寄子靜長篇見默堂文集　　陳淵

豫章先生遺藁序闕　　胡清獻

二　　馮夢得

豫章羅先生潛思力行任重詣極上接伊川龜山之傳下授延平晦庵之斈東南斈者未能或之先也余後七十歲而生異時聞先生在羅浮山静坐三年所以窮極天地萬物之理尊堯序録其言帝王行事之道著焉春秋等解其言聖賢製述之意備焉詩記東牘其言講明自得之旨深焉屬時多故賫志而殁道之不行有以也咸淳庚午十月既望先生之從

孫泰孫出此編示余於龍津驛舍且求鄙言序其首余惟先生之道德孝問聞于朝録于太史傳誦于天下之經生孝士固不待遺藁而顯而此藁亦不待此叙而傳然不辞者自以生髮未燥時已知敬慕今六十五年矣泰山巖巖魯邦所瞻若獲掛名於文字中以自託於門人弟子之末豈非疇曩之至願也哉春木之莚兮攙我手之鶉兮茫茫九原兮莫起之後孝馮夢得敢拜手稽首而爲之書

豫章先生遺藁跋　　黄大任

濂洛接洙泗之正傳蓋漢唐數百年之所未有考亭集濂洛之大成所傳聞者龜山所聞者豫章所見者延平二三先生皆劒津人一脉相傳又他邦之所未見龜山先生云潛思力行任重詣極如羅公一人而已晦庵祭延平文云惟時豫章傳得其宗受於前而授於後猶水木之有本源天下知敬豫章

先生非一日矣初心先生所謂不待遺藁而後顯信夫羅君
以其編緝之勤益求其在我者使驗之於心体之於身無一
黍焉是亦先生之所望於後人也孔顏樂地非難造好讀誠
明靜定書誦先生之言以爲君勉可乎咸淳六年臘後五日
建安黄大任謹書

二

劉將孫

學記曰三王之祭川也先河而後海此之謂務本至哉言乎
此師友之定論也考亭朱氏出延平李氏延平出豫章羅氏
今朱氏之書滿天下延平豫章之遺言緒論未有聞者將孫
一來延平適兵革之後慨然求之耆舊間久乃得延平問荅
其詞語渾朴皆當以三隅反者且自謂不能發揮以文又久
之得豫章家集所傳者寥寥僅見又非延平比愚於是益信
二先生之所以上接伊洛而下開考亭者或曰其簡也若是

道焉乎傳余作而言曰茲道之所以傳也子曰余欲無言又曰文莫吾猶人也躬行君子則吾未之有得言語之道盛而自得之學隱矣二先生之自得者有不能得於言也其所以傳朱氏者亦不在於言也朱氏之得於二先生者亦有不能言者也而朱氏之所爲言之長者其所授者無二朱氏也朱氏之言不得已而言者也而世之求道者往往必求之言也則吾爲斯道慨然於此久矣此集鳩集勞矣寶守尤不易正亦不必他求而附益之先生之所以爲先生者不在此蓋嘗拜先生之睟容矣光風霽月玉色金聲劍山青對劍水流清徘徊瞻極何往而不聞金石絲竹之音也元貞第二春廿有二日廬陵後學劉將孫拜手書先生從孫鄭叔所藏家集後

三　　揭祐民

先生大節簞瓢如顏質問如曾言志如蔵雍和如仲弓宣師

友相傳謚議相尚魏乎冠冕追祀千載也閙世之姿遭時之
窮小人在位君子在野當王安石用事先生知其管心鞅法
使正人斥逐峯綱𢦏盡先生明哲保身時及靖康有也知鄰
關非吾事句豈忘乎昔禹稷之心哉思不出其位靜交聖賢
遠遡伊洛不取於彼而詣極於此安吾素也著書立言幽而
光潛而微充前拓後而窈冥者莫可測識其書初也散亡滅
沒於鄉里中莫知所求惟天不泯民斯文後死者有幸許氏乃
密購遺本於欲燼未燼之際豫章之美采午將之寶氣有藉
而存許源以儒峯任南平教職亟鋟諸梓[redacted]
適予過樑之年切朝聞之念辱峯示教讀而忘饜餐知九原爲
壹起也源復語予以是書當與延平先生文集並行遂決意
藏諸書院之古檆洞庶託求父山高石堅猿聲歲年呵護之
專誰能舍旃謹跋後峯盱江揭祐民從年父

豫章羅先生文集卷第十六

四

宋遇

豫章羅先生文集卷第十七

外集

延平書院志

嗚呼自龜山沒而斯文之統頼先生以有傳不幸山頽梁壞乃在蠻荒数千里之外留滯数十年而後歸葬是以嘉言善行散失不傳然朱文公嘗謂龜山先生倡道東南士之遊其門者甚衆語其潛思力行任重詣極如羅公者一人而已則先生之學術可知矣又云羅公清介絶俗雖里人鮮克知之則先生之操守可知矣先生嘗論舜盡事親之道則曰天下無不是底父母陳了翁聞而是之曰如此而後天下之爲父子者定彼子弑其父臣弑其君嘗始於見其有不是處耳片言之間足以扶三綱立五常如此則其言而世爲天下法者可知矣遺書有春秋指歸春秋釋例春秋集説及遵堯録其

規模之大條目之詳該貫之博攷覈之精使其得志於當世則斈而措之事業又可知矣其斈一傳而爲李延平再傳而爲朱文公始集大成所以爲天地立心爲生民立道繼往聖而惠來世者如此斈者自流泝源可不知所自哉

教授石公轍

誌釋菜事

紹興二年壬子州斈落成八月上丁惠州博羅縣尉羅從彥以太守周侯綰之命領袖諸生宗昇張元侯符濚廖扶張維廖拱同行釋菜之礼有洙泗斷斷氣象而吾友呂居仁舍人以詩見褒不免有過情之言然意在紀実謹刻石而龕諸夫子廟壁俾來者有感發焉會稽石公轍道叟謹誌

燎黃祝文

通判丁鎔

維淳祐八年歲次戊申五月朔二十六日癸酉朝散郎通判南劍州軍州兼管内勸農事權州事丁鎔恭覩 制書特賜

故羅維先生謚文質敬委從事郎南劍州軍事推官書院錢粮官沈元忠燎黄于墓下謹以清酌庶羞之奠而祭之曰生有爵死有謚士藴德乃特賜維先生學楊氏推詣極一人已授延年暨朱子集大成公啓秘丘園湮恩未貴昔劉侯曾表異錄遺亮請于 帝歲三十俞音閼會平舟適將指夙景慕申前議下太常攷行事曰文質公有是謚告頒勸善士鎔攝符率官吏告于祠存牲酏兹燎黄祭掃地刻堅珉 上賜侈公不亡千萬祀

祭文　劍守劉允濟

維嘉定六年歲次癸酉十二月丁酉朔二十八日甲子朝奉大夫權知南劍州軍州事劉允濟謹具清酌庶羞之奠俾迪功郎南劍州州學教授方大琮率諸生致祭于 有宋羅仲素先生之墓嗚呼大道之南鼎𥴦峙鐔津前後相望龜山延平

歸源演流矣維先生龜山之門受業者千潛思詣極獨推一
人析心理之精微測六藝之淵深凡厥立言大猷是經遵堯
之編上繼典墳謂茲成憲萬祀丕承推先生之志豈徒傲睨
一世素隱行怪若沮溺之倫哉曾未百年莽然遺蹤豈無他
人子孫繩繩徒登牲牢於鄉校之從祀顧遺松楸於空山之
悲風允濟假守此邦素尊所聞訊故老之往矣得兆域於將
湮固斬板之舊封表隧徑之巍巍守家者復居祀有亭庶期
先生以妥厥靈髣髴平生之徽吟邀斯月兮濯斯纓此邦
人士近先生之居去先生之世未遠盍興起乎斯文蕙肴椒
漿聊薦苾芬

二　　石公轍

惟公稟德醇厚問學淵源信道之篤衛道之堅識與不識咸
稱其賢士蔽於俗削方破圓沉迷利祿莫之或痊甚無沒道直

離析聖言心到之學廢而不傳公憫斯道求覓之先伊水之涯太白之巔裹糧擔簦講貫精研道志其妙見此純全詩書禮易靡不貫穿解釋䌷繹經盈積簡編褒貶之旨如鑑蚩妍往逵羅浮意氣仙仙欲成其書歸胡不遄孰詰此理彼蒼者天嗚呼不豐其祿而豐其德不與其命而與其年轗軻一生其志可憐了齋之知龜山之聯道同志合與公齊肩皆達其志何公獨捐早慕盛德心旌已懸晚官延平奠奉周旋弛擔之初首訪丘園翩然南遊日望歸船遽以訃聞涕淚潸然驚驂下乘誰繫誰鞚問路莫指求魚何筌迎拜公柩悲深痛纏自何能穀起于九原謹以寓奠情文曷宣

三

高斯得

昔在龜山倡道南服士遊其門雲合霧集顯允羅公表表獨立篤孝力行深思默識飢食渴飲道所從入未發之中靜觀

自得淵源所漸以有信國爲萬世師立我民極斯得無以備使于茲職在勸斈維政之基舍菜之後竊懸潦县特尊礼風勵存乎其辭先生如在其昭鑒之時宝祐二年八月也

與教授公書　李侗

侗頓首再拜　鼎元秘教尊兄座前侗不見顏範甚久咫尺時聞動靜深邑自慰梅雨方欝伏惟燕居爽愷頤神尊候萬福侗塊處山樊絕無曩昔師友不聞道義之訓朝夕兀坐賴天之靈尚得以舊斈尋繹以警釋貧後息而已其他亦何足言苦於無侶可以繼步前造齋館以承近日餘論臨紙馳情未間伏冀順序爲遠業加衛以須陞用至扣至扣乘便謹上狀不宣重午後一日侗頓首再拜上

又小簡借遵堯台衡録　李侗

侗向承見喻舊寫得羅先生遵堯台衡二録欲望頒示一觀

若蒙寄附便來甚愜盡兀坐絕無過從正賴師友之論討
中瀆瀆宜有吾兄昔日唱和佳篇亦冀不外相示看畢即上
納也

侗再拜

教授公復書

某再拜仲辰詩甚佳廖衡字仲辰羅先生友人也不謂志趣
如此乃不永年天於善人何如邪可歎可歎遊堯台衡一書
乃爲八一哥取去八一哥恐是先生之子諱敦叙者可惜忘
錄此子近聞其爲絕世也既趨向異途存在罔知但可太息
耳

某再拜

與教授公書

李侗

侗頓首再拜　鼎元秘書契舊昨便中傳示誨幅并錄示盛
製一觀心畫如見顏角玩味以還慰感未易可言區區欲即

闕狀竊聆車馬近與日者他適以故未果於奉書惟積傾仰耳秋暑尚熾遂惟即日以還慶侍尊候連止萬福侗愧処山間絕無過從賴有經史中古人心迹可以探賾雖粗能遣釋朝夕然離群索居不自知其過者亦多矣尚何敢疏一二於吾兄者邪忽得不外損示所志一一諦思足見別後造道之深欽服欽服侗文采鄙拙未嘗輙敢發一語近爲朋游見迫有一二小詩輙不揆録去求教取笑而已非敢以報來辱也便次有以警誨者千萬勿悋至懇至懇咫尺未期會合且兾勉勵以赴省闈大敵行席巍科爲交游慶此外加愛爲禱

七月十四日侗頓首再拜

答延平先生書　陳淵

仲素晦迹求志人罕知者吾友獨能自拔流俗而師尊之其爲識慮豈淺淺者所能窺測聖學無窮得其門者或寡況堂

與乎孔子之門從游者三千獨得顏子爲殆庶又不幸短命道之難也如此世之儒者捃摭前脩紙上語自以爲有得於聖人譊譊云云莫知其非甚矣其可哀也云云用是慶吾道之不孤而喜朋友之得人不獨今日也

又　陳淵

自仲素老友之亡龜山先生繼逝舊學荒廢無所就正獲罪於往日從遊之賢者多矣方茲待盡丘壑朝廷不知其愚寘在要地平生自誑一旦暴露益復難處想雖如吾慮中之恕恐亦不能掩其惡也用是日念在朝轉求外補以畢餘境尚賴恍悔洗滌積垢而來教過奬何以當之行親杖屨遠紙言不能盡